西晋风流付竹林

竹林七贤传

林希美 著

华中科技大学出版社
http://press.hust.edu.cn
中国·武汉

图书在版编目(CIP)数据

西晋风流付竹林：竹林七贤传 / 林希美著. —武汉：华中科技大学出版社，2024.6
ISBN 978-7-5772-0775-9

Ⅰ.①西… Ⅱ.①林… Ⅲ.①竹林七贤—列传 Ⅳ.①K825.6

中国国家版本馆CIP数据核字（2024）第106584号

西晋风流付竹林：竹林七贤传
Xijin Fengliu Fu Zhulin: Zhulin Qi Xian Zhuan

林希美　著

策划编辑：	刘　静　李克宇
责任编辑：	田金麟
封面设计：	仙　境
责任校对：	林宇婕
责任监印：	朱　玢

出版发行：华中科技大学出版社（中国·武汉）　　电话：（027）81321913
　　　　　武汉市东湖新技术开发区华工科技园　　邮编：430223

印　　刷：	湖北新华印务有限公司
开　　本：	880mm×1230mm　　1/32
印　　张：	7.5
字　　数：	168千字
版　　次：	2024年6月第1版第1次印刷
定　　价：	50.00元

本书若有印装质量问题，请向出版社营销中心调换
全国免费服务热线：400-6679-118　　竭诚为您服务
版权所有　侵权必究

目 录

第一章 魏晋名士有"七贤"

竹林七贤——"七贤"何来 ·················· 2
绝世美男——嵇康 ························· 8
不俗达人——阮籍 ························· 14
叛逆自乐——阮咸 ························· 20
不慕巢许——向秀 ························· 25
儒道之士——山涛 ························· 30
酒中神仙——刘伶 ························· 36
俭吝"俗"人——王戎 ······················ 42

第二章 世如疾风,以退为进

曹马之仇,非一日之寒 ······················ 48
坐山观虎斗 ································ 53
急流才须勇退 ······························ 58
故技重演的一场好戏 ························ 63
重重复重重 ································ 68

第三章　魏晋很乱，我自心安

谈玄：与其坐而论道，不如起而行之…………74
酒：心中无忧，何须解愁…………78
琴：弹的不是琴，是"神"…………82
服食：毒从口入，病从体出…………87
游仙：入山何曾逍遥耶…………92
文学：关乎性情，直陈言尽即可…………97

第四章　爬过一道坎，又过一座山

山空水尽处，放声大哭时…………104
情寄八荒之表…………108
一手遮天的世道，从无雨过天晴…………112
愈演愈烈的官场…………117
淮南第三叛…………122

第五章　道要自然地走

以醉酒，拒亲事…………128
常务道德，不求当世名…………134
不谈玄，以身载道…………139
知人心，观世事…………145
所以，绝交吧兄弟…………151

第六章 君子之交浓于酒

这个眼神"你懂的" ……………………………… 158
每一相思，千里命驾 ……………………………… 163
不是兄弟，胜似兄弟 ……………………………… 168
恶人不识恶人 ……………………………………… 173
若是有人投书来 …………………………………… 178

第七章 后世再无《广陵散》

临终痛写《幽愤诗》 ……………………………… 184
世间再无《广陵散》 ……………………………… 190
嵇康之死，众说纷纭 ……………………………… 197
那一日，有人鹤立鸡群 …………………………… 202
阮籍痛写《劝进文》 ……………………………… 206

第八章 乱世不乱心，名士真风流

可叹人生无风流 …………………………………… 212
山巨源义理何如 …………………………………… 217
闻笛思友，提笔写《思旧赋》 …………………… 222
无情之人最多情 …………………………………… 226
无用，挺好 ………………………………………… 230

第一章　魏晋名士有"七贤"

竹林七贤——"七贤"何来

《三国演义》第一回开宗明义:"话说天下大势,分久必合,合久必分。"意指,世事无常,分合无定,王朝统治也是如此。

之后,"周末七国分争,并入于秦;及秦灭之后,楚、汉分争,又并入于汉;汉朝自高祖斩白蛇而起义,一统天下,后来光武中兴,传至献帝,遂分为三国"。

三国那场纷争已家喻户晓,自是不必多言。然而,三国之后,天下大势更是纷乱不堪,成为中国历史上政权更迭最为频繁的时期之一。

"魏晋",是一个特殊的时代。在这个王纲解纽、礼崩乐坏、伦常失序、群雄并起的时代,天下大势,似乎一直在"分"、在"合",却从未"久"过。

不"久",必然生灵涂炭,险象环生,处处压迫,所以"群雄并起"也不足为奇了。有人在绝处崛起,渴望逢生,同样有人在绝处希望获得精神上的"长生"。所以,魏晋又成了一个思想多元、文艺勃兴、玄学兴起、人才辈出、群星璀璨的时代。

在群星中，最闪亮的便是"竹林七贤"。他们主要活跃在魏晋时期，是一群爱憎分明、纵情山水、热爱艺术、崇尚玄学、鄙薄权贵、向往自由的文人。提到"魏晋风度""名士风流"时，世人最容易想到的便是"竹林七贤"。

"惟大英雄能真本色，是真名士自风流。"在那个时代，他们或许没有举矛作战，但他们是一群真正有"大英雄"气概，且具"名士风流"的人。

"天下大势，分久必合，合久必分。"社会局势的动荡，也会反映在人的身上：当天下大乱时，人们难以追求物质世界，便会转头追求活下去，或追求一种超脱于世间的精神，这是专注一处的"合"。当天下太平，国富民安时，人们便又开始追求华屋高栋、香车宝马、美食盛宴等等，这便是让自身专注的东西发散了的"分"。

迷茫、迷离、寂寞、抑郁、消愁……都是"分"带来的产物。

然而，我们都知道，一个人只有精神超脱、自律、专注，才能在这个时代更好地生存下去。

而"竹林七贤"的"合"的精神，可以作为我们的镜子，我们可以借此镜照己，帮助我们找到其精神"合"的原因，以及精神自由的来源。

换句话说，他们是除儒家、佛家和道家以外的精神源头。事实上，也确实如此。他们还继承了三家之学，并将其杂糅在一起，形成了一种他们在当时独有的自由精神。

他们更贴合当下，看似出世，实则极为入世。

这或许，就是"竹林"精神吧。

既然谈到"竹林"精神，那便从竹林开始说起。

竹，自古以来，便有谦虚、有气节、坚韧不拔、不变英雄本色的象征。竹林七贤之后的名士苏东坡也说："可使食无肉，不可居无竹。无肉令人瘦，无竹令人俗。"当竹林七贤也借了"竹"字时，不仅代表了他们有"竹"的精神，还有苏东坡"无竹令人俗"之意。在《世说新语·任诞》的记载里，他们"常集于竹林之下，肆意酣畅"，人们将此理解为在竹林里聚会。

不过，也有一说，西晋末年，僧徒比附内典外书之"格义"风气盛行，到了东晋初年才截取了天竺"竹林精舍"的"竹林"二字，加在了"七贤"的身上。这种解释便指出了，"七贤"并非聚集于竹林之下，很可能他们并没有聚在真实的竹林之中。嵇康死后，向秀因怀念他写下了《思旧赋》。此赋写出了当时山阳旧居的概貌，因只字未提竹林，后人便认为这种说法是正确的。他们很可能只是喜欢"竹林"的象征意义，与实物并没有必然的联系。

不得不说，这种说法太过武断。《晋书·王戎传》中写道："吾昔与嵇叔夜、阮嗣宗酣畅于此，竹林之游亦预其末。自嵇、阮云亡，吾便为时之所羁绁。今日视之虽近，邈若山河！"

晚年，王戎有次经过黄公酒垆，想起与嵇康和阮籍聚会时的场景，便对车后面的客人说："从前我和嵇康、阮籍常在此处畅饮。竹林同游时，我也在其中。自从嵇康早逝，阮籍亡故后，我便为世事羁绊，虽然酒垆近在眼前，往事旧人却像隔着万重山河。"

可见，他们确实常于竹林聚会。不仅如此，东晋名士孙盛在《魏氏春秋》中，也有关于"竹"的记载：

> 康寓居河内之山阳县，与之游者，未尝见其喜愠之色。与陈留阮籍、河内山涛、河南向秀、籍兄子咸、琅邪王戎、沛人刘伶相与友善，游于竹林，号为七贤。

此书中引文，是关于竹林七贤最早的记载。

北魏郦道元在《水经注》卷九《清水》篇，也提到了"竹"：

> 又径七贤祠东，左右筠篁列植，冬夏不变贞萋。魏步兵校尉陈留阮籍，中散大夫谯国嵇康，晋司徒河内山涛，司徒琅邪王戎，黄门郎河内向秀，建威参军沛国刘伶，始平太守阮咸等，同居山阳，结自得之游，时人号之为竹林七贤。向子期所谓山阳旧居也。后人立庙于其处。庙南又有一泉，东南流注于长泉水。郭缘生《述征记》所云，白鹿山东南二十五里，有嵇公故居，以居时有遗竹焉，盖谓此也。

这样看来,"七贤"聚会之处,确实有竹。同时也说明,大多数时候他们都聚集在嵇康处,其他"几贤"或应邀而来,或随心而来。

之所以称"几贤",而未称"七贤",是因为他们的聚会中,并不是只有七个人。而他们之所以取"七"之数,陈寅恪先生给出了相关解释。他说,"七"之数,大约与孔子的一段话有关。据《论语·宪问》篇所言:

> 子曰:"贤者辟世,其次辟地,其次辟色,其次辟言。"子曰:"作者七人矣。"

有了这个解释,加上东汉末年有"三君""八厨""八及"等名同为标榜之义,所以便有了"七"之说。这种解释虽为后人推演,但得到了诸多学者的认可,所以"七贤"的数字之谜便不再是令人费解的秘密了。

竹林七贤,以嵇康、阮籍、山涛为代表,其余四人是由主要人物引荐而来,算是"七贤"中的"加盟者"。既然是"竹林之游",怎么会只有固定的七个人来交游,难道这七个人就没有其他朋友一起来谈玄论道、饮酒作乐了?

来者皆是客,只要性情相投都是"竹林之友"。吕安和袁准,也是"竹林之游"的参与者。除此之外,像嵇康的哥哥嵇喜、嵇康的好友阮侃,以及嵇康的学生赵至等,都算是"竹林之友"了。

所以，陈寅恪先生解释"七贤"只是一种标榜，也算说得贴切。这只是一个圈子的名称而已，何必真的去计较具体人数？他们的精神、故事、品格、思想才是人们在乎的。

然而，"七贤"分别是怎样的人，有着怎样的出身、性情、才学，又是怎样相处、交流、同游的呢？

这就说来话长了，不如逐一慢慢介绍吧。

绝世美男——嵇康

魏晋出美男，其中最著名的美男子是潘安。"才过宋玉，貌赛潘安"说的就是以他的美貌为美男的标准。《世说新语·容止》是专门写美男子仪容的，其中潘安占了很大篇幅："潘岳（潘安）妙有姿容，好神情。少时挟弹出洛阳道，妇人遇者，莫不连手共萦之。"意思是，潘安长得太过俊美。他年轻时拿着弹弓外出游玩，年轻的女子见了他，无不手拉手地围住他。而年长的女人见到他，便向他投掷水果，潘安总是满载而归。这是著名典故"掷果盈车"的来历。妇人、少女，见者皆爱的男子，一定是美到了妙不可言的地步。

宋玉也是美男子，不过史书上对其记载不多，只知他"为人体貌闲丽，口多微词，又性好色"。宋玉在历史上，以文成名，虽其美貌不如文采，但也美到后人几乎无从想象。

然而，潘安、卫玠、宋玉这些美男在嵇康面前，都不值一提。嵇康的貌，绝非空有其形，还大有其神。如果说《世说新语》里描写潘安的文字不少，那么史书里描写美男子用墨最多的就是嵇康。据《晋书》载，嵇康"身长七尺八寸，美词气，有风仪，而土木形骸，不自藻饰，人以为龙章凤姿，天质自然"。意思是，嵇康不修边幅，将自己的身体当成土地、树木那般任其自然生长。不过，他的自然之美，使第一次见到他的人无不赞为天人。

《世说新语·容止》里也写了嵇康的美："嵇康身长七尺八寸，风姿特秀，见者叹曰：'萧萧肃肃，爽朗清举。'或云：'肃肃如松下风，高而徐引。'山公曰：'嵇叔夜之为人也，岩岩若孤松之独立；其醉也，傀俄若玉山之将崩。'"

嵇康身长七尺八寸（约1.9米），风采卓异，潇洒英俊，见者皆称赞他潇洒清朗，端正清高。还有人说，他像松下清风，潇洒清丽，高远绵长。他的好友山公（山涛）则说，嵇叔夜（嵇康）像山崖边上的孤松，傲然独立；他的醉态，也如玉山将倾。

不仅山涛说嵇康长得好，王戎也认为嵇康的清雅脱俗无人能及。

著名的成语"鹤立鸡群"，说的是嵇康的儿子。有一年，洛阳城内，人海如潮，有人在人群中窥见嵇康的儿子，便对王戎说："昨于稠人中始见嵇绍，昂昂然若野鹤之在鸡群。"

王戎听完呵呵一笑，回他："那是你没见过他的父亲啊！"

人比人得死，货比货得扔。不是你真的多好，实在是还未见识过更好的。

嵇康就是那个更好的。所以说，嵇康的清雅与脱俗，千古唯其一人也。

嵇康（223—262年，一作224—263年），字叔夜，谯郡铚县人，也就是今天的安徽省宿州人。他的祖先原本姓奚，居住于会稽上虞（今属浙江省绍兴市上虞区），后因避怨搬迁至谯国嵇山之旁住下，此后改为嵇姓。

嵇家世代奉儒，身份并不高贵，在政治上也无深厚根基，只为一般庶族士大夫。嵇康的父亲嵇昭，曾任督军粮治书侍御史，不幸早卒，他由母亲和哥哥嵇喜抚养长大。据《晋书》记载："康早孤，有奇才，远迈不群。"

"有奇才，远迈不群"，仅七个字，足以概括嵇康卓尔不群的才华和放荡不羁、刚肠嫉恶的性格。后来，嵇康在《与山巨源绝交书》中，自述幼年丧父的经历，加上体格瘦弱，故"母兄见骄，不涉经学……又读《庄》《老》，重增其放"。嵇康自言，自幼母亲、兄长待他极好，任他自由学习，所以他是自学成才的。《晋书》也说他："学不师受，博览无不该通。"

没有老师教嵇康，嵇康无师自通。在文学上，他的诗作立意高远，文章气势磅礴，深刻犀利。如他的《代秋胡歌诗（其六）》："凌厉五岳，忽行万亿。授我神药，自生羽翼。"又如他的《四言诗十一首（其十一）》："微风清扇，云气四除。皎皎亮月，丽于高隅。"还有他在《四言赠兄秀才入军诗（其十四）》中所写："息徒兰圃，秣马华山。流磻平皋，垂纶长川。目送归鸿，手挥五弦。俯仰自得，游心太玄。"

"目送归鸿，手挥五弦"，已是经典之句。尤其"挥"字，更是打破了沉稳凝滞、气定神闲的奏琴常态，给人一种劈波斩浪之态。

当嵇康"手挥五弦"时，已自现他在音乐方面的造诣与修养。他写《琴赋》，特别是七千言的《声无哀乐论》，论述了自然与人之间的和谐关系，音乐与自然、音乐与情感的关系等观点，在当时独树一帜。对于音乐，他在《琴赋·序》中说："以为物有盛衰，而此无变；滋味有厌，而此不倦。"意思是，他再喜欢一件事物，都有不喜欢的时候，但唯独对琴，没有厌倦过。

嵇康不仅对音乐"不倦"，对书法也不知疲厌。他善书法，尤妙于草书，其墨迹被列为"草书妙品"。韦续在《墨薮》中说他："嵇康书，如抱琴半醉，酣歌高眠。又若众鸟时翔，群乌乍散。"

在书法上，嵇康的字变化多端，有时像抱着琴半醉，有时像醉后高歌，还有时似群鸟飞翔或忽然散开。其造诣已入化境。

嵇康还喜欢服食丹药，研究老庄之学。《晋书》说嵇康，"恬静寡欲，含垢匿瑕，宽简有大量。……常修养性服食之事，弹琴咏诗，自足于怀"。有书、有琴、有一个健康的身体，对于嵇康来说人生已足够了。关于养生，他还写了《养生论》，其文写了一千多个字，算是当时极长的文章了。

因为喜欢养生，喜欢清静的悠闲时光，让嵇康不愿出仕，享受恬淡无为、心无挂碍的生活。庄子在《逍遥游》中说："至人无己，神人无功，圣人无名。"而嵇康的《养生论》则提倡："清虚静泰，少私寡欲。知名位之伤德，故忽而不营，非欲而强禁也。"

欲，使人心神外泄，唯有心神安宁，以平和之气来调养身心，身心才能日益调和，与天地精神往来。

精神可以内守，其心自然怡然自得，身轻体健。其书、其律、其文、其貌，也会随之而变。所以，嵇康善文、善书、善琴，皆性情所致。后来，他因不愿入司马氏门下，被小人谗言所害，才草草地结束了自己的一生。

临死之际，嵇康神气不变，一曲《广陵散》奏得惊天动地，他早将生死抛诸脑后了。

他回顾自己的一生，其实相当圆满，唯一的遗憾是《广陵散》绝矣。①

与生相比，嵇康的死，才更"貌美"。

有些人清廉高洁一生，临危丧胆、变节。好好的名声被变节毁了，真是又无奈、又遗憾、又可悲。

潘安生于魏晋，也是一个有"风度"的人士。他曾入过《二十四孝》，又才高八斗，只因太有风骨，遭人嫉妒排挤，以致滞官不迁长达十年。他压抑得太久了，后结交权贵，趋炎附势地参与贾后陷害太子一事，让他的一世英名全毁了。

他因热心权斗被"夷三族"，其母亦不能免其难。临刑前，他不惧死，唯"负阿母"，成为他一生的遗憾和悔恨。潘安因政治斗争，使母亲七十余岁被杀，所以后来宋人郭居敬在重新校订《二十四孝》时，将潘安从中除去了。

---

① 现今流传的《广陵散》不是嵇康演奏的曲谱，而是我国古琴演奏家管平湖先生根据《神奇秘谱》打谱演奏的。

生得美，不容易；死得美，更不容易。用一生的时间，活出"风度"，成为"名士"，则是难上加难。对品行、品格、修养的考验，差一分一毫都不能成为"名士"，也无法活出"风度"。所谓名士，就是致力修身养德的人。他们言其"德"，修其"德"，养其"德"，至于身外之物的财富名利，只会扰乱他们的内心，所以便"忽尔不营"了。一个名士展示给我们的不仅是风度，还有他内在的德行，如果德行不够，那么再好的风度到最后也会变质。修德养性对于每个人来说都是一辈子的事情。

人心不同，各如其面。嵇康之貌，传于父母；而嵇康之德，则是修出来的。

这谁能比得了。

不俗达人——阮籍

凡事一旦沾了"俗"字,便会"跌价"。人俗,不成器;物俗,不成价;文俗,不消读。

人想要做出和写出不俗的物和文,须刻苦读书,想创意、思点子,才能形成自己的风格和思想。人想不俗,并不是要行为怪异。那不是不俗,而是人们通常说的"疯子"。

不俗之人,往往与世人有着不同之处。如若不懂他们的思想,世人可能会真的把他们当成"疯子"。

真"疯子",不屑世人怎样看,因为他们看人已不再是"人"。而看起来"疯"的不俗之人却要接受不懂他们的人的诋毁、嘲讽等。如能像真"疯子"般不在意,那也是活出了一番悠然的境界,倘若既想不俗,又在乎世人言语,那么还是俗点儿吧。

在竹林七贤中,最不俗的人是阮籍。

阮籍(210—263年),字嗣宗,陈留尉氏(今属河南省)人,"建安七子"之一阮瑀的儿子。阮瑀曾在曹操幕中担任司空军谋祭酒、仓曹掾属,很得曹操的赏识和时人的推崇。大约在阮籍三岁时,阮瑀便过世了。阮籍虽早年失怙,阮家却并未因此陷于困顿。曹氏因着阮瑀的贡献，一直对阮家颇有照顾。

据《晋书》记载，阮籍："容貌瑰杰，志气宏放，傲然独得，任性不羁，而喜怒不形于色。或闭户视书，累月不出；或登临山水，经日忘归。博览群籍，尤好《庄》《老》。嗜酒能啸，善弹琴，当其得意，忽忘形骸。"

阮籍相貌奇特卓异，性格随心所欲、纵情任性，却又不喜形于色。他有时闭门读书，几个月也不迈出家门一步；有时会登山临水，几日也不回家。他与嵇康一样，喜欢老庄，善弹琴，有时还会弹到忘记自己。与嵇康不一样的是，阮籍爱酒，不好养生。他除了容貌、性情独特外，志向也十分远大。据《晋书·阮籍传》所载，他"本有济世志"。他在《咏怀诗·其十五》中也说："昔年十四五，志尚好诗书，被褐怀珠玉，颜闵相与期。"意指，他心怀大志，崇尚儒家典籍，并以颜回、闵子骞为榜样。

为了完成建功立业、驰骋疆场之志，他少年学剑，性情中还多了几分慷慨和豪情。他在《咏怀诗·其六十一》中写道："少年学击刺，妙伎过曲城。英风截云霓，超世发奇声。挥剑临沙漠，饮马九野垌。旗帜何翩翩，但闻金鼓鸣。军旅令人悲，烈烈有哀情。念我平常时，悔恨从此生。"

阮籍的少年至青年，性情还算中规中矩。他读书、饮酒、弹琴、长啸、寄情山水、击剑，是典型的名士范儿。只是后来政局动荡，曹魏政权日薄西山，他才性情大变，慢慢显得既猖狂又怪诞。

那时的阮籍看不起礼教世俗，用特立独行的举止来表达自己。比如，阮籍邻家有位美妇，经常当街卖酒。阮籍喜爱喝酒，便经常去邻居家饮酒。这原本没什么，只是阮籍每次醉酒后便会睡倒在美妇身边，就不得不令人对阮籍的品性产生怀疑了。于是，美妇的丈夫偷偷观察阮籍，却发现阮籍并无越轨之处，从此便相信了阮籍的人品。①

阮籍不仅对外人如此，对自家嫂子也是如此。《世说新语·任诞》载："阮籍嫂尝回家，籍见与别。或讥之，籍曰：礼岂为我辈设也？"

嫂子回娘家，他不仅为嫂子饯行，还送她上路。人们对他指指点点，他却说："孔孟礼教，与我何干？"

对于女人，阮籍似乎总想"亲近"，为了打破人们的常规思想，他常做出出人意料的举动。有一次，他听说有一未嫁女因病夭折，他不顾家人阻拦，跑到她的灵前大哭，把满心哀情释放掉后又径自离开。

阮籍难过便哭，开心便笑。如果说醉倒美妇脚下是不顾男女之别，那么送嫂子回娘家是尽"礼"数，而吊唁不相干的女孩则是对年轻生命逝去的惋惜。

他不是不奉礼教，而是想要用自己的性情和胸襟，以及宽仁的态度，建立新的"礼"。

在许多人看来，阮籍的许多行为是不"仁"的。他母亲去世时，他还应邀参加司马昭的宴会，既喝酒又吃肉，好不快

---

① 阮公临家妇，有美色，当垆酤酒。阮与王安丰常从妇饮酒。阮醉，便眠其妇侧。夫始殊疑之，伺察，终无他意。——《世说新语·任诞》

活。当时的司隶何曾见状，便对司马昭说："明公方以孝治天下，而阮籍以重丧显于公坐饮酒食肉，宜流之海外，以正风教。"

司马昭听了说："嗣宗毁顿如此，君不能共忧之，何谓？且有疾而饮酒食肉，固丧礼也！"

谁说阮籍不顾礼教？你没看见他那因悲伤过度而虚弱的身体吗？此时饮酒吃肉，补充身体有何不对？

关于阮籍丧母，司马昭说他悲伤过度，并不夸张。阮籍母亲去世时，阮籍正与友人下围棋。友人听到这个消息后，想立即终止下棋，阮籍却要求把这盘棋下完。阮籍下完棋后饮了二斗酒，突然他大哭一声，连吐数升血。①

回家后，友人裴楷来吊唁，阮籍披头散发醉坐在床上不理不睬，不行礼数，也不管他人的非议。所以，后来裴楷说阮籍："阮籍既方外之士，故不崇礼典。我俗中之士，故以轨仪自居。"

阮籍是方外之人，传统的礼教是束缚不住他的。他不是俗人，所以他有自己对于礼的理解。但阮籍得意时"忽忘形骸"，尽兴后又发挥了"喜怒不形于色"的本领，这使人们不得不怀疑他是个"疯子"。

有句话说，"众人皆醉我独醒"，谁又能说阮籍的"疯"

---

① 性至孝，母终，正与人围棋，对者求止，籍留与决赌。既而饮酒二斗，举声一号，吐血数升。——《晋书·阮籍传》

阮籍当葬母，蒸一肥豚，饮酒二斗，然后临诀，直言："穷矣！"都得一号，因吐血，废顿良久。——《世说新语·任诞》

不是一种清醒呢？事实上，他活得太清醒了。他虽心怀大志，深谙政治，却不得不远离庙堂，这着实令人委屈。他得意忘形也好，痛哭流涕也罢，都与时局无关，不过是个人性情的释放。

嵇康真性情，不与奸人同流合污，甘愿赴死。阮籍不同，他不随便臧否人物，懂得保护自己，懂得临危之时迂回逃避。可正因如此，他才更委屈，更想释放自己。

《晋书·阮籍传》中说："时率意独驾，不由径路，车迹所穷，辄恸哭而反。"意思是阮籍经常一人率意驾车闲走，不走普通道路，行至道路不通之处便放声大哭，哭完再驾车原路而返。

有人说，阮籍有苦说不出才需要大哭释放；也有人说，他想借此举向世人传达自己对时局的看法。所以，他并非为了自己的不得志而哭，而是为了世道人心而哀鸣。

阮籍的一生，在世人看来是矛盾的。他虽执着理想但始终不得志，又不得不向现实低头，其"怪异"举动在"夹缝"中便有了合理的解释。只是，"名士"毕竟是"名士"，如果普通人能读懂且活出"名士"般的境界，就不是普通人了。

阮浑是阮籍的儿子，他的外表看上去有点像父亲，也有一些阮籍的风度，他本人也想成为一个豁达的竹林名士。阮籍得知后，跟儿子说，怕是你没理解真正的达人吧！换句话讲，阮籍觉得儿子只是学着像他，而没有真正的豁达不羁的风骨。可见，竹林七贤看重的是风骨。

倘若一个人仍在标榜"达"，那么便不"达"了。阮籍只是在做自己,至于他的"达",是否达到了"不俗"的境界,他早就不管了。换句话讲,只注重模仿外表,而没有内在和精神支撑,只能做到形似,多少有点东施效颦的意思,也就是说,如果勉强自己去做做不到的事,那么到头来只会贻笑大方。阮籍注重内在,他的内心坦然更能体现竹林名士的风度。

猖狂和坦然、敢作敢为和承认自我的不足,这些看似不同的性格特点共同出现在了一个人的身上,名士的不俗就这样展现给了后人。

叛逆自乐——阮咸

在竹林七贤中,不俗之人还有一位,这人便是阮咸。

没错,仅从姓氏便能猜出来,他与阮籍有着非同寻常的关系。阮咸,字仲容,陈留尉氏人,阮籍之侄,与阮籍并称为"大小阮"。阮咸的生卒年在史书上并没有留下明确的记载,有人说为243—300年,也有人说为222—278年。

在竹林七贤中,阮咸算是晚辈。那么,一个毛头小子,是因怎样的机缘迈入竹林之游门槛的?说起来与阮咸的性情脱不开关系。《晋书》对阮咸的评价是"纵情越礼",意思是他对情感的追求太过放纵,已越过了礼数。不得不说,在越礼方面,阮家人都有着非同寻常的"天赋"。

阮籍越礼,管他是男还是女,管他是生还是死,管他是该哭还是该笑。而阮咸越礼,越的却是"物"之礼、情之礼、阶级之礼,与阮籍大相径庭。

阮咸姑母家有一个奴婢是鲜卑人,在当时社会,少数民族的地位并不高。阮咸很喜欢她,便宠幸了她。阮咸母亲过世,姑母便带着这个奴婢来吊唁。待姑母要离开时,阮咸想将心上人留下来,但姑母没有同意,带着奴婢走了。阮咸得知后,借了客人的驴穿着重丧之服亲自去追她们,后来与奴婢一同骑驴返回家中。人们不解,问他为何执意要追回这个地位极低的奴婢,阮咸却说:"我的孩子不能丢啊!"

后来,阮咸将这个奴婢娶回了家,她便是阮孚(遥集)的母亲。①

这个故事脍炙人口,后人无一不赞叹阮咸不在乎阶级礼教。然而,在魏晋时代,阮咸却因此举饱受清议,长期"沉沦闾巷",无法做官。在礼法上,男女本就授受不亲,谁知他还越过阶级,亲自去追奴婢,更是犯了礼法上的大忌。

此人既然不懂礼数,那就让他做个"混账"平民吧。

说起来,阮咸也确实"混账"些。他越阶级之礼也就罢了,还十分叛逆,得罪了很多人。

阮家所居之地,富者居路北,贫者居路南,阮咸家居住的是路南。七月初七,富者晒出耀眼、华丽的锦绮绸缎。阮咸大摇大摆地用竹竿挑其粗布犊鼻(短裤,也有人称为"围裙")来晒。阮咸家贫,既然穿不起绫罗绸缎,那就不与人攀比。只是,他们家先辈好歹也出了位"建安七子"之一的阮瑀,无论怎样,总要保住阮家面子。有人指责阮咸太不像话,他便说:"未能免俗,聊复尔耳!"既然不能免俗晒衣服,那我就随便挂点什么东西吧。

炫富,是人们的通病,唯有精神贫困者才用外物来彰显自

---

① 阮仲容先幸姑家鲜卑婢。及居母丧,姑当远移,初云当留婢,既发,定将去。仲容借客驴,着服自追之,累骑而返,曰:"人种不可失!"即遥集之母也。——《世说新语·任诞》

己的身份和地位。一个人能坦诚地承认自己贫穷，这是精神上的富足者。别人乐得享受称赞，阮咸却不在乎他人的看法。与其说他越礼教，不如说他心中怀着"平等"的观念。

阮咸深得庄子《齐物论》之旨，深以为"天地与我并生，而万物与我为一"，既然天地万物都与我为一，那人与人之间又怎么会有阶级、富贵之分呢？

阮咸还极好酒，常约同族亲戚好友聚会。一日，众人喝到兴处，认为酒杯不过瘾，便找来大盆盛酒。

当时有一群猪闻酒味而来，直接喝起了盆里的酒，阮咸看到后，毫不诧异，也不介意酒浑了、脏了，直接舀起一碗酒喝了起来。

既然"齐万物"，那么人与猪又有何区别，又何必在乎是猪还是人呢？

许多人听说这个故事后，诬陷阮咸丧失了做人的尊严，陷入了虚无的狂欢中，是人性的堕落。但在逍遥者看来，正是因为人们把万物分了上下高低，所以才有了这万般烦恼。

假如"齐万物"，你我本是"同类"，又怎么会有你指责我不对，我看你不顺眼之说？阮咸明知他"与猪共饮"必会招来非议，还偏要"齐万物"，只能说在阮咸看来，"指责"与"赞叹"也是"万物与我为一"了，否则此心一定尚有"指责"黏着，无法做通透豁达之人了。

有人说，阮咸因醉酒才与猪共饮，他试图从世俗中脱离，做到精神与形体上的超越。假如果真如此，他又何必在清醒时晒短裤、娶婢女呢？

并非所有人都需要酒精的麻醉才能做自己，也并非所有人都在意别人说了什么。毕竟有的人深谙《齐物论》的精髓，能在"道"的境界里玩，才是人之大乐。

所谓的叛逆、越礼，不过是当时人们的观念而已，而观念恰恰是"无形"的绑架。是谁绑架了你？分明是我们自己。

竹林贤人，是一个放达、肆意酣畅的群体。假如有人为了标新立异而标榜自己"豁达"，是很难进入这个圈子的。

嵇康善琴，奏出了惊天地、泣鬼神的《广陵散》。阮籍也善琴，琴是他身边的常备之物，据说《酒狂》乃阮籍所作。既然"叔叔们"都如此多才多艺，身为"侄子"的阮咸自然不能落后。

阮咸的音乐造诣与"叔叔们"不同，他推陈出新、手法精练、听力超群。

西晋时，中书监荀勖善解音律，钟鼓、丝竹、金石等乐器都能亲手制作。荀勖对自己的音乐造诣颇为得意，便经常为朋友演奏曲目。一曲奏毕，众人皆称赞他的演绎和谐悦耳，唯独阮咸不发一言。

荀勖深知阮咸的音乐造诣颇高，他的缄默不言令荀勖十分生气。没多久，他将阮咸调到始平做太守。后来，一位农夫在耕田时挖出一把周代的玉尺，该玉尺是衡量天下物品的标准尺子。荀勖用玉尺丈量自己制作的乐器，才发现那些乐器都短了一黍。仅一粒黄米的差距都被阮咸听了出来，荀勖不得不感慨自己在音乐上实在无法与阮咸相提并论。

阮咸不仅妙解音律，也很擅长制作乐器。唐代开元年间，人们从阮咸的墓中发现了铜琵琶,便将其命名为"阮咸",简称"阮"。阮是一种长柄、圆肚、四弦十二柱的琵琶,这种古琵琶流传至近代又被人们改良,发展成了阮族乐器。

阮咸在音乐上才华超群、性情狂放,被"竹林之友"欣赏也是自然的事。另外,他也有著作流传于世,即《律议》和《与姑书》。

阮籍之所以欣赏阮咸,将他推荐到"竹林七贤"这个大家庭中,除了因为他的音乐才华外,还因为他对世俗礼教的不在乎和自得其乐之心。

阮浑虽与父亲阮籍相似,但终究不是父亲。他的"好奇"在阮咸面前,已经输了。

精神的独立与自由并不简单。至少,在阮咸看来,只有做到了"齐万物",才能获得真正的快乐。

阮咸并不在乎自己是不是"竹林七贤"的一员。毕竟,若在意,阮咸就不是阮咸了。

不慕巢许——向秀

如果说阮咸有一颗叛逆自乐的心,那么竹林七贤中的向秀则有一颗"玄"心。

向秀的名气不够响亮,《世说新语》里的相关记载也很少。他在历史上留下来的便是他的《庄子注》《周易注》《难养生论》《思旧赋》。

《老子》《庄子》《周易》谓之"三玄"。想要为《庄子》作注释,必要通达庄子的境界,方能用心阐发庄子的精神世界。当他谈到要注释《庄子》时,嵇康首先反对。在嵇康看来,《庄子》里的玄妙要旨已在书中解释清楚了。向秀一向喜欢《庄子》,对道学已深有体会,待他将写了一部分的《庄子注》拿给嵇康阅读时,嵇康才发现"向注"使《庄子》玄妙之理更加美妙了,不禁大为叹服。时人也称此注"妙析奇致,大畅玄风",好友吕安见此注后,叹服地说:"庄周不死矣。"《晋书》本传也称赞了向秀的注释,曰:"庄周著内外数十篇,历世才士虽有观者,莫适论其旨统也,秀乃为之隐解,发明奇趣,振起玄风,读之者超然心悟,莫不自足一时也。"意思是,历来的注解虽不乏可观之处,但没有人真正揭示了庄子的要旨和体系，而向秀则能见解独到，说出庄子文章中隐藏的含义，使读者读完心领神会，得到不一样的感悟。不仅如此，向秀所注的《周易注》，也被称为"大义可观"，然"未若隐《庄》之绝伦"。另外，向秀所著《难养生论》存录于《嵇康集》中，与嵇康的《养生论》难分高下。他的《思旧赋》更是魏晋时期令人难以超越的作品。

令人遗憾的是，《庄子》中的《秋水》和《至乐》两篇还未注释完，向秀便去世了。更令人遗憾的是，向秀去世时，他的儿子年龄尚幼，并无保住向秀《庄子注》的能力，使得郭象将注释文稿窃取，再凭他个人的见解加以修改，最终成了他的作品。《晋书·向秀传》中说："惠帝之世，郭象又述而广之。"为此，郭象成了《庄子》大家，向秀作注的功绩便被时人淹没了。

好在后来的人们没有埋没向秀的才能，还了他一个公道。

崇尚道家逍遥自在的向秀，与嵇康可谓知己。据《晋书》所载："康善锻，秀为之佐，相对欣然，傍若无人。又共吕安灌园于山阳。"

向秀和嵇康喜爱锻铁，两个人你打铁来我鼓风，配合得十分默契。

吕安，生卒年不详，字仲悌，东平（今山东省东平县）人，是嵇康最好的朋友。向秀结识嵇康，是由山涛介绍。向秀在认识嵇康后，立即折服于嵇康的人格魅力。为了能经常与嵇康见面，向秀把家搬到了山阳。而这位叫吕安的贤士，由于与嵇康和向秀性情相投也搬到了山阳居住。

向秀和吕安一起种菜灌园，靠劳动自力更生。他们三人坐而论道，起而锻铁，行而游林，可谓互相在知己身上找到了世俗中的净土。

在向秀看来，"口思五味，目思五色"，不过是自然之理。亲人、友人去世，其悲痛也是自然之情、天地之情。一个人只要做到"关之自然，不得相外也"，就必然能活出一番通透来。但是，这"不得相外"并非指隐士的不负责任，以及消极避世，还必须"节之以礼"，做事的时候，不做不合乎道义的事，就如嵇康所说："人之所欲也，但当求之以道义。"由此，人心、社会和人的欲求，便能既"自然"又合乎"名教"了。

向秀打通了儒道两家，使之合二为一，让道家的"避世"思想多些了"入世"的"礼"，同时让儒家的"礼""仁""义"，多了道家思想上的"自然"。

嵇康和吕安遭难后，竹林相谈的风致逐渐消失了。阮籍、山涛和王戎早投向了司马氏，入了仕途。而一心想要做个自由洒脱的山野散人的向秀也受到强权的压力，在万般无奈之下，他受了司马昭的接见，也向司马氏妥协了。

景元四年（263年）或五年（264年）时，向秀入洛阳任职。司马昭深知向秀颇有风骨，便羞辱向秀："闻君有箕山之志，何以在此？"向秀回答说："以为巢许狷介之士，未达尧心，岂足多慕。"

巢许是上古隐士巢父和许由的并称。据晋皇甫谧《高士传》所载，尧要让天下于许由，许由不受逃走，隐于中岳，颍水之阳,箕山之下。见许由不受,尧又召许由为九州长,许由仍是不肯,不仅如此,还认为这些话"脏"了自己的耳朵,于是在颍水之滨洗耳。此时,好友巢父牵牛经过,欲饮河水,见许由洗耳,便问其故。许由说尧要召他为九州长,他闻到了恶声,才洗耳。巢父听完,不屑地说:"假如你一直深居高崖深山,谁能看得见你?还不是你四处游荡,换取名声,才引来这许多是非吗?现在却要洗耳朵,别故作清高了。"

巢父说完,头也不回地走掉了,边走边说:"不饮水了,真担心你洗过耳朵的水脏了我这牛的嘴巴。"

此时,向秀向司马昭作此回答,便是指自己正如许由般并非真正的清高之人,不过是借此混个名声罢了。

向秀的"贪生怕死"为自己招来了不少骂名,使得后世不少学者认为他"变节"了。事实上,向秀在洛阳为官后,并没有钻营官场,而是"在朝不任职,容迹而已"。

避祸保命的向秀,要背上后人"改节失图,弃老庄之自然"的批评,确实不如嵇康慷慨赴死来得痛快。只是,对于嵇康之死,后人又会无限感慨,何不委屈一下,低头一次?

做人难,做风流名士更难。在司马氏的威逼利诱之下,无论是谁,无论他怎么选,似乎都是错的。

你不是真名士自风流吗,你不是有箕山之志吗?

不,我没有!假如我真有,又怎能被你找到?还不是我乱逛游,才被你找到吗?

在这一刻,向秀终于明白,他不是许由,更做不了巢父,他不过是滚滚红尘中的一个普通人而已。

他不是不慕"巢许",而是深知洛阳之路一旦踏上,他就没有了标榜自我的资格,也失去了倾慕的资格。

他只能"思旧",写下那些点滴过往,写下自己对嵇康和吕安的思念之情。他再也不能"自然"和"逍遥",那些美好的日子终究是过去了。

在历史上,向秀的资料极少,生平简介很短。

向秀(约227—272年),字子期,河内怀县(今河南省武陟县)人,是山涛的同乡。向秀喜欢读书,与嵇康、吕安等人交好,隐居不仕。"隐居不仕",终究是情性。在这段简短的简介后面,人们又加上了"后官至黄门侍郎、散骑常侍,与任恺等相善"。这是一条不归路,一旦踏上,向秀就很难再做自己心目中的"向秀"了。

儒道之士——山涛

向秀作为"晚辈",能加入"竹林之游",完全得益于山涛的介绍。

山涛(205—283年),字巨源,河内怀县人,与向秀是同乡。他少早孤苦,家境贫寒,但潜心修学,《晋书》中说他"少有器量,介然不群,性好《庄》《老》,每隐身自晦。"

"少有器量",是指他年轻时便有才能见识,所以能发现向秀这位后辈,也是自然而然的事。

不仅如此,在"七贤"中,山涛最会审时度势,凭借其远见卓识,做到了明哲保身,同时他与王戎是"七贤"中官职最高者。据《晋书·山涛传》载:"咸宁初,转太子少傅,加散骑常侍;除尚书仆射,加侍中,领吏部……太康初,迁右仆射,加光禄大夫,侍中、掌选如故。"

竹林之交,重在"情之所钟",重在尚真与超脱尘世。他们大多远离政治舞台,偏偏山涛仕途顺遂,一路高升。以高洁之士的眼光来看,山涛性情太过庸俗,只怕不能入其他人的法眼,他又为何能成为"七贤"的主要人物?

山涛跟向秀一样,也是少年时闻名乡里,甚至有过之而无不及。《世说新语·政事》载,山涛十七岁时,因闻名乡里,有人向司马懿举荐他,认为他可以与司马师和司马昭"共纲纪天下"。司马懿听完,开玩笑地说:"卿小族,那得此快人邪!"

司马懿之所以注意到山涛,除了因为他声名远播外,还因为山涛的从祖姑的女儿张春华是司马懿的正妻。也就是说,山涛天然属于"司马氏"派系。

山涛并非趋炎附势之人,没有借司马氏的裙带关系走上仕途。相反,他有自己的道德标准。孔子修订《春秋》,常用"弑"和"克"字衡论是非。以下犯上者为"弑",对敌人打胜仗者是"克"。司马懿的野心日渐膨胀,无论他将来是否篡权,山涛都不能成为朝廷的敌对者。

为此,山涛将功名富贵置之度外,"隐身自晦"了。

嵇康拜中散大夫,阮籍名门望族,两人纵是隐居一世,也仍可以衣食无忧。向秀虽家境普通,但可以"灌园于山阳",生活也不至于太窘迫。

山涛就不一样了。他太过贫穷,有一次,妻子对他发牢骚,他安慰妻子说:"忍饥寒,我后当作三公,但不知卿堪公夫人不耳!"(《晋书·山涛传》)

意思是,你暂且忍耐一下吧,将来我要是做了三公,不知道你配不配得上做三公夫人呢!

后来山涛果然位高权重,其妻也成为女中丈夫。她"及居荣贵,贞慎俭约,虽爵同千乘,而无嫔媵"(《晋书·山涛传》)。

山涛有远见，看准了时事、向秀，又怎么会看不准自己的结发之妻呢？

正始五年（244年），山涛已四十岁了，才出任河内郡主簿，后出任河内郡功曹，作为选拔人才的官员，结交了嵇康和吕安。后山涛又将新结识的阮籍介绍给了嵇康，从此"竹林之游"彻底形成。据《世说新语·贤媛》所载："山公与嵇、阮一面，契若金兰。山妻韩氏，觉公与二人异于常交。"

山涛隐居多年，不因贫苦出仕，不受司马氏的威逼利诱，不因王纲解纽而丧失远大的抱负，其品性自然会被嵇康和阮籍欣赏。所以，并非出仕者一定唯利是图，正确的时间、正确的时机出仕，反而是人才施展才华、施展抱负的机会。

有了两位契若金兰的好友后，山涛每次回家都无不感叹。韩氏见山涛经常发出感叹，不禁对嵇、阮二人产生了好奇心。于是，她给山涛讲了晋公子重耳流亡的故事。她说："从前僖负羁的妻子也曾亲自观察过狐偃、赵衰，所以我也想观察一下你的朋友，可以吗？"

山涛应允。

一日，山涛准备好酒菜请嵇康和阮籍两位好友来家中做客。晚上，韩氏越过墙观察嵇康和阮籍两人。她流连忘返，直到天亮。过后，山涛问她："你觉得他们两位怎么样？"

韩氏说："你的才华智趣比他们差远了，但你的见识与气度更胜一筹。"山涛听完很是认同："他们也认为，我的气度胜过他们。"

被妻子评价才华智趣不如他人，山涛不仅不生气，反而很赞同，可见他的气度与见识，以及自知之智。

这份自知也给了山涛足够的自信。他坚信自己可以做到三公，只要时机对了，便会有他出头的机会。

与嵇康的旷达、阮籍的不俗、阮咸的"叛逆"相比，山涛活得更真实，也更脚踏实地。他虽"性好《老》《庄》"，但其性情更像一位儒家之士。如果说向秀在理论上通达了儒道之学，那么山涛则是儒道两家之学的践行者。

时人赞叹"山涛不学孙吴，而暗与之理会"。王衍也赞叹云："公暗与道合。"山涛虽不研究兵法，却常在"道"上与孙、吴暗合。

当时，晋宣武帝想停止武备、发扬文教，山涛却认为这样做很是不妥。他与诸位尚书谈论孙武、吴起用兵本意，并详尽地探讨下去，举座无不惊叹他的才智，众曰："山少傅乃天下名言。"

后来，文教导致诸王放纵、奢靡，并造成灾难，各种兵匪聚合到一起，郡国因武备不足，兵匪逐渐猖獗，直至动乱再也无法控制。

山涛虽不学兵法，却在见解上与孙、吴自然暗合，这不得不令人赞叹其不凡的见识。

在山涛未出仕之前，他隐世自成，以玄学名士著称，后在朝为官又以儒家之道用世、治世、进取，已做到了能轻松自如地运用儒道之学。竹林名士皆爱酒，唯山涛适量而饮不至醉，后来司马昭暗中试之,他也能做到适可而止。①

自制,并非压制本性,而是本性的适度释放。做人有度、沉稳持重、含蓄内敛,才不至于让人生大起大落。毕竟,每个人都不是活在"真空"的世界里,只要有人,只要身处社会环境中,就要懂得适可而止。一时的痛快或许能释放心性,但收获的结果,很可能过于放纵自己,自己再也无法控制心性了。

在为官为政方面,山涛也有自己的克制。他虽屡次加官晋爵,但因为他的权力越来越大,也怕遭到他人嫉妒或朝廷的忌惮。为此,他每回都以老病为由申请辞官,无奈皇帝不肯,又进一步让他升官,让他也很无奈。

山涛为人谨慎、崇尚节俭,对朝廷的赏赐并不放在眼里。有或没有,多或少,他从不计较,也不在乎。后来,因为他的年龄太大,他也实在厌倦了官场,反复上表苦辞,最终才平安归家。

他是竹林名士中年龄最大的一位,也是最"淳深渊默"的一位,还几乎是最长寿的一位(有些名士生卒年不详,所以是"几乎")。

《论语》中多次提到南容。孔子因他"三复白圭",而将侄女嫁给了他。白,即白玉;圭,即"朝笏"。《诗经·大雅·荡之什》有"白圭之玷,尚可磨也;斯言之玷,不可为也"之句,意思是说,白玉上面的瑕疵,尚可以打磨掉;一

---

① 涛饮酒至八斗方醉,帝欲试之,乃以酒八斗饮涛,而密益其酒,涛极本量而止。——《晋书·山涛传》

个人如果出言不慎而犯错,却是不能挽回的。南容在读到此诗时,再三地朗诵,孔子便知道,南容是一位注重品德修养之人。

南容是怎样的人才呢?据孔子考察,他是"邦有道不废,邦无道免于刑戮"。意指,天下太平时,南容可出仕为官,他不会被埋没。假如天下大乱,他不得势时,也能自我保全。他善于自处,清以自守,善于用世。

在竹林名士中,山涛与南容很像。他们都擅长自处,也擅长济世,更擅长用世。他们的才智不会被埋没,只看时局是否需要。

安贫乐道,达济天下,是智者行为。贫时牢骚、抱怨,达时享乐、奢靡,是常人行为。

智者和常人,走的是截然相反的两条路,最终的结局可能也有天壤之别。但这没关系,并不妨碍常人走向智者的道路,只要你敢于放下,敢于安贫乐道。

山涛为人雍容文雅,又在理性与感性中找到了平衡。他是天生的智慧玩家,且玩得得心应手,玩得不亦乐乎。

收住了心性的"乐",自然会悟到智慧的"乐",找到人生的"乐"。可惜,太多人享受了一时的小乐,忘记了人生有更久、更多的大乐。

这才真是得不偿失呀!

酒中神仙——刘伶

竹林名士，皆好饮酒，可谓无酒不欢。《世说新语·任诞》中的"肆意酣畅，故世谓竹林七贤"，其中"酣畅"，便是指痛饮。

不过，以酒名传世的名士只有刘伶。正如于谦《醉时歌》中所说："刘伶好酒称世贤，李白骑鲸飞上天。"

刘伶好酒之名，不仅传到了后世，即使当时之人也说"天下好酒数杜康，酒量最大数刘伶"。刘伶喝过许多酒，却没有喝过杜康酒，他很想尝试一番，杜康酒到底有多好。

没想到，还真给刘伶逮到了一个机会。

传说，杜康在洛阳龙门九泉山下开了酒馆，门上写了一副口气颇大的对联："猛虎一杯山中醉，蛟龙两盏海底眠。"横批是："不醉三年不要钱。"

刘伶路过，碰巧看到这副对联，便想试试自己到底会不会醉得那么厉害。刘伶饮酒，几乎整日痛饮，来到杜康店只喝了三杯，便觉得天旋地转，连忙回到了家中。

三年后，杜康去刘伶家讨要酒钱，刘家人却说刘伶已死去三年了，他们不仅不给钱，还气得拉着杜康要见官家。杜康听完一笑,直称刘伶未死,只是醉过去了。众人不信,打开棺材一看,刘伶面色红润,像是睡着了一般。不一会儿,他睁开眼,起身伸了个懒腰,得意地说:"好酒,真香!"

刘伶试过杜康酒,输得心服口服。杜康酒不仅香,还醉人。可惜,杜康酿造的酒只剩其名,制作方式却没有流传下来。

刘伶对于饮酒颇有心得,并将此心得写成了《酒德颂》。在他看来,饮酒时可以"奋髯箕踞,枕麴藉糟,无思无虑,其乐陶陶。兀然而醉,豁尔而醒,静听不闻雷霆之声,熟视不睹泰山之形,不觉寒暑之切肌,利欲之感情。俯观万物,扰扰焉,如江汉之载浮萍,二豪侍侧焉,如蜾蠃之与螟蛉"。

总之,酒的好处无法形容。只要有酒,刘伶就可以天马行空、独来独往、旁若无人。他的"旁若无人"不是一个"形容词",而是实实在在做到了。

刘伶追求自由逍遥,无为而治,也曾在建威将军王戎幕府下任参军。有一次,刘伶一丝不挂地在家饮酒,有客人来访,他不但不回避,反而坦然地说:"我以天地为房,屋室为衣裤,你为何钻入我的裤中来了?"

刘伶因对朝廷实在无所贡献,被罢官。据传,朝廷再次征召他入朝为官,他因政见与朝廷不合不愿做官。

所以,听说朝廷特使快到自家门口时,刘伶把自己灌醉了,然后脱光身上衣物,朝村口奔跑而去。特使见刘伶实乃一酒疯子,只好作罢。

因政见不合逃避为官,而故意醉酒进而脱衣裤的人,也许确实做到了"心无挂碍""旁若无人"。

刘伶整日饮酒，毫无作为，对于他自己来讲，确实逍遥快活。可对于他的家人来讲，他如此饮酒无度，就太过让人头疼了。

有一日，刘伶身体不适，想要饮酒，妻子不给。他再三索要，妻子便将酒具打碎，把酒倒掉，哭着劝他爱惜身体。刘伶听完，直道："好好好，我无法自我禁止饮酒，最好准备好酒肉，让我对天发个誓言！"

妻子以为他下定了戒酒的心，就给他准备好了祭神用的酒肉。刘伶见酒肉供好，扑通一声跪倒在地，然后说："天生刘伶，以酒为名，一饮一斛，五斗解酲，妇人之言，慎不可听。"（《世说新语·任诞》）说完，他端起供桌上的酒一饮而尽。

如此刘伶，只能任他沉醉了。

世间人，饮酒者无数，如同刘伶般爱酒者也有，但如刘伶般为酒敢于"丢命"者，甚少。《晋书·刘伶传》中说他"常乘鹿车，携一壶酒，使人荷锸而随之，谓曰：'死便埋我。'其遗形骸如此"。

意思是，刘伶经常驾一鹿车，手里携一壶酒悠哉痛饮，再有一个随从带着铁锹。他对随从说："如果我死了，你就找个地方将我埋了。"

有人说，刘伶看似嗜酒不要命，实为他明哲保身，以酒鬼的形象迷惑他人，是远离祸端的无奈之举。当然，刘伶可能也是真的喝酒喝出了感情，这才写出了千古名篇《酒德颂》。他一生的才情寄于酒,"土木形骸,遨游一世",已足矣。

刘伶已不在乎自己肉体的死活,又何惧仕途之事、妻子的担忧、身体是否有人"欣赏"呢?

说起刘伶的"土木形骸",可谓与嵇康形成了鲜明的对比。嵇康是绝世美男,其样貌令后人充满想象,而刘伶的外貌则是让人难以想象。

刘伶,字伯伦,沛国(治今安徽省濉溪县)人,以"放情肆志"而闻名。喜好老庄,蔑视礼法。刘伶样貌奇丑,几近到令人不忍直视的地步。据《世说新语·容止》所载:"刘伶身长六尺,貌甚丑悴,而悠悠忽忽,土木形骸。"

六尺,换算为今日尺寸,刘伶身高约1.45米[①]。长得矮也就算了,还整日蓬头垢面、衣冠不整,真是令人难以接受。

刘伶样貌虽丑,人不爱整洁,但这没什么可奇怪的,毕竟他以"屋室为衣裤",别人"入他衣裤"都不在乎,又怎么会在乎自身的美丑呢?

刘伶不在乎自己的美丑,竹林名士也断然不会以貌取人。当刘伶与嵇康、阮籍相见后,他们很快"欣然神解,携手入林"了。

魏晋名士饮酒之风的兴起,常常离不开避世保身。南宋叶梦得也说:"晋人多言饮酒,有至于沉醉,此未必意真在于酒。盖时方艰难,人各惧祸,惟托于醉,可以粗远世故。盖自陈平、曹参以来,已用此策。《汉书》记陈平于刘、吕未判之

---

① 三国时期,1尺约等于24.2厘米,6尺合计145.2厘米。

际，日饮醇酒，戏妇人，是岂真好饮邪？曹参虽与此异，然方欲解秦之烦苛，付之清净，以酒杜人，是亦一术。不然，如蒯通辈无事而献说者，且将日走其门矣。流传至嵇、阮、刘伶之徒，遂全欲用此为保身之计。此意惟颜延年知之，故《五君咏》云：'刘伶善闭关，怀情灭闻见。韬精日沉饮，谁知非荒宴。'如是，饮者未必剧饮，醉者未必真醉也。"意思是，晋人这些饮酒之"徒"，未必真的在乎酒，而是借酒疏远人情世故和朝廷罢了。

他人不必说，但说刘伶饮酒为保身，可就有点误会他了。假如他真想保身、保命，也无须"随饮随埋骨"了。

世上从不缺乏欺世盗名之徒，也从不缺少真名士。"自风流"这件事，只有风流者才能懂，旁人从实用主义的角度思考、摸索、探究，怕是离"风流"越来越远了。

有一次，刘伶喝酒后与人起了争执。那人气急败坏，扯住刘伶衣袖要打他。刘伶不恐惧，也不生气，缓缓地说："我瘦如鸡肋，打我，你的拳头也会不舒服的。"

那人听完，不知是被刘伶气的，还是逗的，总之笑着离去了。

昔日，寒山问拾得："世人谤我、欺我、辱我、笑我、轻我、贱我、恶我、骗我，如何处治乎？"

拾得云："只是忍他、让他、由他、避他、耐他、敬他、不要理他，再待几年你且看他。"

这个故事，配上刘伶的酒，再配上他的"遨游于世"，有了一番别样的味道。醉酒三年、生死不顾，刘伶的胆大与疯狂之下是他的生存之味。

境界、心境这东西，就像刘伶的酒，谁饮谁知道。

刘伶人小，却以天为盖，以地为庐。他坐在鹿车上，奔迎落日，持杯在手，生、醉、迷、狂皆入酒穿喉，其自在之境，已充塞天地间。

俭吝"俗"人——王戎

有人不俗,就一定有人俗,且俗人才是这世间的大多数人。

在竹林名士里,最"俗"的人,莫过于王戎。王戎与山涛出仕晋朝,为司马氏所用。颜延之(字延年)赞颂"竹林七贤"时,写下了《五君咏》,唯独没有将山涛和王戎写进去,可见后世对他们的评价远不如其他五位高。

既然王戎名声如此不好,且又以"俗"著称,那么何以能参与"竹林之游"呢?

这就不得不提一下阮籍了。阮籍与王戎的父亲王浑同朝为官。王戎十五岁那年,与父亲同住在郎舍。阮籍每回去王浑处,与他聊上几句便去找王戎聊天,且聊很久才出来。阮籍见到了王浑说:"王戎清洁高尚,非你可比。与你交谈,不如与王戎交谈。"

王戎小阮籍二十岁,两人很快成了忘年交。没多久,阮籍把王戎介绍到了竹林名士中,他这才与其他名士有了竹林之交。

王戎以"俗"闻名,当然也离不开阮籍的"功劳"。

据《晋书·王戎传》所载:"戎每与籍为竹林之游,戎尝后至。籍曰：'俗物已复来败人意。'戎笑曰：'卿辈意亦复易败耳！'"意思是，王戎每次与阮籍参与竹林名士畅谈，常常会晚到，阮籍便说他："你这个俗人又来败坏我们的雅兴了。"王戎听完并不生气，反而笑着说："你们这些人的雅兴，岂是我能败的？"

可见，王戎的俗里有着不俗之处。否则，阮籍断然不会与十几岁的王戎酣畅淋漓地畅谈。

不过，王戎在普通人眼里也确实有点儿"俗"。

王戎（234—305年），字濬冲，琅邪临沂（今山东省临沂市）人。琅邪王氏是豪门大族，根基深厚，财雄一方。在竹林名士中，王戎的"俗"来自贪吝。《世说新语·俭啬》一篇共有九条，王戎就占去了四条。《晋书》也称他"性好兴利"。

王戎家中有棵李树，他欲去集市卖李子，一想到李子中有果核，便担心有人由此得到种子。为此，他把李子中的果核钻破，才放心大胆地去集市售卖。王戎的吝啬真是令人哭笑不得。

王戎对外人吝啬就罢了，对自家亲人也很"节俭"。

有一次，王戎侄子大婚，他仅送单衣作为贺礼。过后，王戎很心疼，又把单衣要了回来。

《世说新语·俭啬》记："司徒王戎既贵且富，区宅、僮牧、膏田水碓之属，洛下无比。契疏鞅掌，每与夫人烛下散筹算计。"这是说王戎既贵又富，房子、田产、仆人在洛阳城中无人可比，而他家中的契约账本也很多，他经常和妻子在烛光下核算家产。

所以，后人对王戎的评价是，诡诈多端、天性鄙吝。当然，世人对王戎也并不全然是坏的评价，戴逵认为王戎"晦默于危乱之际，获免忧祸，既明且哲，于是在矣"。

身处乱世，为自己多做些打算，也是明哲保身之举，何必计较呢？更何况，阮籍是"越名教"之人，假如王戎真的"俗"，阮籍又怎会让他加入竹林之游呢？

王戎的不俗之处，还在于他的长于清淡，精于识鉴。

他七岁时，曾与一群孩童玩耍，见路边一棵李树上结满了李子。众孩童见到李子树，一哄而上，争先恐后地采摘。只有王戎视而不见。有人问他，你为何不去摘果子？王戎说："李子树长于路边，却有许多果子，那这果子一定是苦的。"

众人不信，遂尝了一口，果然如王戎所料，李子是苦的。从此，王戎有了神童之名。

王戎步入仕途后，族弟王敦颇有高名，但王戎十分讨厌他。王敦每次想见王戎，他都称疾不见。后来，王敦逆乱，人们更加佩服王戎的见识。

又有一次，孙秀为琅邪郡吏，求乡人对他做出品评。王衍拒绝评孙秀，王戎则劝王衍对孙秀多说好话。后来，孙秀得志，朝中有宿怨者皆被他诛杀，王戎、王衍免了灾祸。

一件件事罗列起来，王戎见识非凡的名声不胫而走。他跟山涛一样，都善于观察时局和人性，且都能圆融应世。

当然，王戎还有更为不俗的一面，这才是竹林名士欣赏他的地方。

《晋书·王戎传》载："戎幼而颖悟，神彩秀彻。视日不眩，裴楷见而目之曰：'戎眼烂烂，如岩下电。'"意指，王戎可以盯着日头看，却不会头晕眼花。裴楷见过他的眼睛，说他眼睛精光四射，犹如岩下的闪电。

眼睛不仅是心灵的窗户，还是一个人精气神、气运、命运的写照。王戎眼睛与众不同，其格局也必然有着不俗之处。

在他六七岁时，王戎还遇见过一件怪事，这件事令他声名鹊起。

有一次，魏明帝抓到一只老虎，命人拔去牙齿和指甲，然后放进笼中，运到洛阳城内宣武场上，供百姓观看。

王戎好奇，也去参观老虎。老虎被关在笼中，见人山人海的场面极为恼怒。老虎一发威，全身毛发竖立，不断咆哮，用爪子晃动护栏。前来观看的百姓吓得魂飞魄散，王戎的脸上却没有一丝表情。他的平静，魏明帝见到后很是惊奇。

从此，王戎一"静"成名。

王戎的妻子也是一个有意思的人。她常以"卿"称呼王戎（按礼，妇女称其夫为"君"，"卿"乃夫对妻的称呼）。王戎说："妇人卿婿，于礼为不敬，后勿复尔。"

妻曰："亲卿爱卿，是以卿卿。我不卿卿，谁当卿卿？"王戎听完，也拿这个爱说"绕口令"的妻子没办法，只好随她去了。

"卿卿我我"即出此典，王戎之妻功不可没。

纵观王戎的大半生，他除了吝啬、处世圆滑外，也没有其他短处了，按理说不该留下恶名，坏就坏在八王之乱时，他弃帝而逃了。《晋书·王戎传》载："其后从帝北伐，王师败绩于荡阴，戎复诣邺，随帝还洛阳。车驾之西迁也，戎出奔于郏。在危难之间，亲接锋刃，谈笑自若，未尝有惧容。时召亲宾，欢娱永日。"

王戎弃帝而逃，看似为了保命，但他遭人追杀时又亲接锋刃，谈笑自若，毫无惧容，可见他的逃跑并非为了保命。

王戎见识深远，认为天下将乱，因仰慕春秋时期的蘧伯玉，遂走了他的老路。孔子周游列国时，多次投奔蘧伯玉。孔子曾称赞蘧伯玉为真正的君子，曰："君王有道，则出仕辅政治国；君王无道，则心怀正气，归隐山林。"

天下将乱，君王无道，王戎即使辅佐君主，又有何用？该乱的还是要乱，该亡的依旧要亡。

天下不差一个王戎，与其如此，不如心怀正气，归隐山林。

有远见的逃才不用做无谓的牺牲。否则，逃亡只是逃亡。

第二章　世如疾风，以退为进

曹马之仇,非一日之寒

历史很难判断对错。对于史学家来说,选取不同角度参考、思索、归纳、整理,才能梳理出一个完整的、有逻辑的、值得他人信服且又自己信服的"真相"。

从三国鼎立到司马氏崛起,再到三分归晋、八王之乱等,这段历史很是复杂,但留下的史料并不是很多。

陈寅恪先生认为,曹马之争是不同阶级的斗争,也并非曹、马两姓的胜败问题,而是儒家豪族与非儒家寒族的胜败问题。陈寅恪先生的学生万绳楠则认为,曹马政权中因存在谯沛、汝颍两个集团,所以曹马之争的实质是二者的决战,不过最终以司马氏为代表的汝颍集团获得了最终的胜利。当然,台湾史学家黄炽霖并不认同这个观点,他通过对曹魏官员出身籍贯的统计,否定了万绳楠的假说。

学术观点和历史一样,各人有各人的角度,各自有各自的说法,难以以一概全。但站在竹林七贤的角度来看,曹丕篡汉,司马氏篡魏,都不餍足人意。当年,孟子周游列国,向诸国君王推行儒家治国之道,无奈无人接受,只好落寞而归。

他们只能退而求其次,著书立说,把自己的文化知识授予下一代，希冀有人承接文化之火。君子有所为、有所不为，国不能施行仁道，宁可回家做先生。

国家大势尚不明朗之际，竹林七贤也不会去蹚浑水。他们颇有远见，早就预料到了这将是一场怎样的腥风血雨。

正始八年（247年）某日晚，山涛与石鉴（字林伯，三国曹魏及西晋大臣）共宿时，他终于想明白了一件事。山涛用脚踢了一下沉睡的石鉴，问他："现已何时，怎敢酣睡！你可知太傅（司马懿）称病卧床是为何意？"石鉴昏睡中，答："宰相屡次不上朝，下一封诏书将其罢免归家就行了，你操什么心？！"

山涛听完，说："咄！石生莫要在马蹄间奔来走去啊！"说完，当夜"投传而去"。

山涛四十岁才出山做官，只因司马懿称病卧床弃官而去，一时间引起了轩然大波。

众人不解，"大器晚成"的山涛，为何要在太平之时放弃仕途，弃官而去？直到正始十年（249年），司马懿发动高平陵之变，将曹爽集团一网打尽，人们才恍然大悟，原来山涛早已嗅出司马懿刀剑上的血腥味儿。

山涛知道以司马懿的野心，他必不会真的因病卧床而放弃霸权。最重要的是，"称病"这件事，司马懿最为擅长，已经不是第一次了。

司马懿第一次称病，没能骗过曹操。这次他再度称病，不承想，也没能骗得过山涛。

司马懿（179—251年），字仲达，三国河内郡温县（今河南省温县西南）人，三国时期著名的政治家、军事家，曹魏四朝元老，托孤辅政的重臣。

史书称司马懿"少有奇节，聪明多大略，博学洽闻，伏膺儒教"。他生于乱世，有一颗常忧天下之心。曹操任司空后，听闻司马懿的名声，派人召他任职。在司马懿看来，汉朝国运衰微，因而不屑于"屈节曹氏"。

曹操（155—220年），字孟德，一名吉利，小字阿瞒，沛国谯县（今安徽省亳州市）人，东汉末年著名的政治家、军事家、文学家、书法家。他"挟天子以令诸侯"时，正是位高权重之时。为了扩大疆域版图，他大举招贤纳士。

司马懿入了曹操的眼，可司马懿很不屑风头正盛的曹操。司马懿出身士族，是服膺儒教的豪族。曹操之父曹嵩是宦官曹腾的养子，算是寒族。曹操"任侠放荡，不治行业"，"细政苛惨，科防互设"，不以儒学为务，更不服膺儒教。但曹操获得了大量寒族和豪族士大夫的支持。官渡一战，曹胜袁败，儒家豪族阶级只好隐忍屈辱。

司马懿就是暂时"隐忍"的人。因为不屑任职，司马懿"辞以风痹，不能起居"。二十多岁的司马懿正是壮硕之年，怎么可能中风瘫痪？曹操自然不信，他派人夜里偷偷前去刺探。探子见司马懿卧床不起，一动不动，信以为真。

世界上有两件事无法隐藏，一是咳嗽，二是贫穷。事实上，装病这事儿也瞒不了别人太久。

《晋书·宣穆张皇后传》载："宣帝初辞魏武之命，托以风痹，尝暴书，遇暴雨，不觉自起收之。家惟有一婢见之，后乃恐事泄致祸，遂手杀之以灭口，而亲自执爨。帝由是重之。"

司马懿装病在床。有一日，家人将书拿到院子里晾晒，但忽遇暴雨，司马懿心中着急，竟亲自跑出去收书。正巧这一幕被家中奴婢看到了，于是司马懿的妻子张春华怕走漏风声便将这个奴婢杀掉了。只是，司马懿千防万防，他装病这件事，还是被曹操发现了。司马懿"装"得起，曹操也等得起。

曹操升任丞相后，又一次征召司马懿。曹操对属下曰："若复盘桓，便收之。"意思是，司马懿你再不知好歹，就离你的死期不远了。司马懿无奈，只好"惧而就职"文学掾。此后，司马懿深得曹操、曹丕父子的器重。无论东征西讨，还是军政大事，都少不了司马懿的谋划。

一个人不才，必不堪重用；一个人太过有才，也必然遭人忌惮。司马懿坚忍阴毒，偏偏有"狼顾相"，更是加重了曹操的疑心。《晋书·宣帝纪》载："帝内忌而外宽，猜忌多权变。魏武察帝有雄豪志，闻有狼顾相，欲验之，乃召使前行，令反顾，面正向后而身不动。"

曹操一惊！

狼顾相，顾名思义，有此面相之人，多如虎狼之辈，嗜血残忍、翻脸无情。据传，狼顾相与众不同，在生理上特指可以将头旋转一百八十度的人。

一个懂权谋、善坚忍，生理上又异于常人的人，曹操很难不忌惮。

后来，曹操又做一梦，梦中但见"三马同食一槽"，便心中有数了。曹操坚信这是一个不祥的梦。"三马",指司马懿父子;"一槽",指曹氏家族。于是,他对曹丕说:"司马懿非人臣也,必预汝家事。"

曹操的疑心,以司马懿的足智多谋自然感知得到。曹操多次找借口欲杀司马懿,都被司马懿巧妙化解了。司马懿见曹操不再信任他,便将目光锁定在了曹丕身上。他一边向曹操示弱,一边讨好曹丕,因此即使曹操多次向司马懿发难,司马懿总能得到曹丕的庇护。

曹操见司马懿乖巧后,也就既往不咎了。曹操的麻痹大意,"优柔寡断",使得司马氏父子果然如他梦中所见的那般,发生了"三马同食一槽"的局面。当然,这是后话了。

建安二十五年(220年),曹操去世,司马懿终于松了一口气。

司马懿保住了性命。来日方长,只要命在,一切就都在!

坐山观虎斗

用"抱负"一词形容司马懿的想法是不准确的。

当时的他只想保命,拥戴曹丕代汉自立。曹丕登基后,司马懿成了其最器重和最信任的人。司马懿投桃报李,忠心耿耿,鞍前马后,为了曹氏可谓尽心尽力。

曹操时代,因为后来不为曹操重用,司马懿也没能找到拓展势力的机会。后来,他与陈群、吴质、朱铄号为太子四友,这让司马懿完成了拓展势力网络的第一步。

陈群〔?—237年,字长文,颍川许昌(今河南省许昌市东)人,三国时期著名政治家〕,出身颍川陈氏家族,与颍川荀氏家族是汉魏最负盛名的两大家族。这两大家族人才辈出,有着"五荀方五陈"之说,其中,陈群与荀彧〔163—212年,字文若,颍川颍阴人(今河南省许昌市),东汉末年政治家、战略家〕在双方家族的会面中也互相见过。

南朝宋史学家檀道鸾《续晋阳秋》载:"陈仲弓从诸子侄造荀季和父子,于时德星聚,太史奏:'五百里内有贤人聚。'"意指这次会面天象异动,预示着政治上将要发生重大变动。不过,天象之变对应的往往是天子或权臣,虽被朝野上下广泛关注,但当时未将此变化联系到两个家族身上。

司马懿有了朋友的帮助,魏文帝曹丕对他越发信任。曹丕南巡,他让司马懿镇守京师;曹丕西行,司马懿便管理东方之事。曹丕敢把后背露给司马懿,可见对他的信任已经远非常人,说他是曹丕的心腹也不为过。

黄初七年(226年),曹丕病死,司马懿、陈群、曹真同受托孤之命,共同辅佐太子曹叡。魏明帝曹叡比曹丕还要信任司马懿,他不再让司马懿镇守后方,而是让他手握军权,带兵打仗。

司马懿军权在握,东征西讨,其势力也在一步步扩张中。司马氏开始与曹氏联姻,其子司马师迎娶了夏侯尚之女夏侯徽。夏侯徽虽非曹氏宗亲,却与之有着密切的关系。《晋书·景怀夏侯皇后传》载:"后雅有识度,帝每有所为,必豫筹画。魏明帝世,宣帝居上将之重,诸子并有雄才大略。后知帝非魏之纯臣,而后既魏氏之甥,帝深忌之。青龙二年,遂以鸩崩,时年二十四,葬峻平陵。武帝登阼,初未追崇,弘训太后每以为言,泰始二年始加号谥。"意思是,夏侯徽有气度和才识,每次司马师想做某件事时,夏侯徽都会为他出谋划策。在魏明帝时,司马懿是其手下重臣,而司马懿的儿子又都有雄才大略。夏侯徽知道司马懿和司马师都怀有谋逆之心,因此司马师也开始对与曹魏家族关系非同一般的夏侯徽产生了猜忌之心。于是青龙二年(234年),夏侯徽饮鸩而死,年仅二十四岁。夏侯徽去世后,司马师将她葬在了峻平陵。晋武帝司马炎登基时,也未给夏侯徽追加封号。司马师的第三任妻子羊徽瑜屡次进言，直到泰始二年（266年），夏侯徽才被加号为景怀皇后。

可见，青龙二年以前，司马氏已有了谋反之心。不过，有些人并不相信司马氏早就有谋反之心，司马光就认为司马懿"未有不臣之迹，况其诸子乎！徒以魏甥之故，猥鸩其妻，都非事实，盖甚之之辞"。

无论司马懿是否有谋反之心，总之他"狼性"的一面在辽东太守公孙渊起兵造反时显现了出来。六十岁的司马懿亲自带兵征讨叛军，最终大败对手。打完胜仗后，司马懿又带兵进城，屠杀投降叛军两千余人。出征辽东一事过后，魏明帝开始忌惮司马懿，指定以燕王曹宇为首，由宗室贵戚辅政。

青龙二年，诸葛亮病故于五丈原，蜀汉对曹魏的威胁大大缓解，司马懿获得专制权力的条件正在减弱。但事实上，司马懿从未闲着，他让司马师与司马昭分别与泰山羊氏、东海王肃联姻，一步步扩张自己的势力。

魏明帝并无子嗣，养子曹芳年龄尚幼，如何为孙子留下更安稳的局面，是他不得不考虑的问题。当魏明帝躺在病床上奄奄一息时，托孤之戏再次上演了。

司马懿依旧受命辅佐新的天子，但与上次不同的是，这次临终受命之人还有曹爽。

曹爽［？—249年，字昭伯，沛国谯县（今安徽省亳州市）］，曹真之子（曹真——曹操养子）。有了曹爽，朝廷中便有了曹魏宗亲。两位辅政大臣权力相互制衡，难以形成一方独大的势力。

理论上,"夹辅"确实平衡着政治局面,但曹叡忘记了,一山难容二虎,一方一旦受压于另一方,就必然会在压迫之下形成反攻之势。

虽然曹芳为"龙",曹爽和司马懿不过是大臣,但无人甘愿在一人之下时,还要再受制于与自己权力相当的势力。

曹马双方明争暗斗,互不相让。双方为了扩大势力,广揽人才,竹林名士自然也在他们的笼络范围内。

试问,此时你若出山做官,会选择曹马哪一方呢?

这时无论选择哪一方,都面临着严峻的考验。在局势尚不明朗的情况下,名士更不会冒险。

更何况,曹芳年纪尚幼,毫无控制二虎相争的能力。当主不主、臣不臣,朝廷成为两家势力争斗的战场时,竹林名士出来做官又有何意义?

既然不能选择,就坐山观虎斗,看他们"神仙"打架,各显神通。

司马懿经过数十年仕宦生涯的经营,才在曹魏政权中心有了稳固的势力。曹爽为曹魏宗亲,代表着正统政权,自然有人甘愿投其门下。

虽说双方各有优势,各不相让,但这仅仅表现在权势上。曹爽似乎忘记了,司马懿可是上过战场、算计过诸葛亮,且敢称病骗曹操的阴谋家。

只因曹爽拜大将军,司马懿任太尉,曹爽便认为自己胜了一筹。起初,他曾恭敬司马懿,以父辈事之,重大决策也会同司马懿商量,不敢独断专行。慢慢地,曹爽的野心与贪婪似乎障住了他的眼。

事实上,曹爽既平庸又毫无识鉴能力,仅凭手下人献策便敢与司马懿对抗,也算是一位"勇者"了。

如果说司马懿是一匹嗜血的"狼",那么曹爽便是吃了"豹子胆"就以为自己真是豹子的人。

一个人仅仅披上"豹子皮",还是唬不住真正的"狼"。

狼的嗅觉极为灵敏,早就闻出了谁是"人"。这么大的一块肥肉,太具诱惑力了,真"狼"早晚会与假"豹子"决一死战。

急流才须勇退

一个人,即使拥有神机妙算的能力,也很难估算敌人真正的实力。如果敌人敢于披上"豹子皮",就说明他的背后一定有着自己摸不清的实力,即便你是一匹凶猛无比的"狼",也不可轻敌,更不可轻易行事。

尽管司马懿是三朝元老,但曹魏禁卫军的军权依然掌握在曹氏手中。自曹芳继位后,司马懿和曹爽曾各自统兵三千,不过曹爽为了排挤司马懿,又将禁卫军军权掌握在了自己手中。司马懿虽有兵权,但曹爽是禁卫军中的重要将领,在朝廷也有根基。因此,他不怕司马懿,还借由护军之职把持朝政。

魏景初三年(239年),司马懿和曹爽共受托孤之命,辅佐幼主。一开始,曹爽不敢独断专行,只能在司马懿面前毕恭毕敬。他的手下亲信丁谧为解曹爽心头大患,建议曹爽上奏皇帝,请旨下诏加封司马懿为大司马、太傅。

大司马之职在大将军之上,按理说是为司马懿抬了位子。只是,司马懿升为大司马后,曹爽又上奏皇帝,前几任大司马都是在任职时离世的,太过不吉利,不如尊司马懿为太傅。

太傅是辅佐天子的先生，虽位极人臣，却是个毫无实权的官职。另外，诏书上明确指出"持节统兵都督诸军事如故"，并没有削弱司马懿的兵权。司马懿不能"不识好歹"，只能吃下暗亏，接受这个旨意。

司马懿转任太傅后，不再录尚书事，也不能再参与政事决策，为此司马懿只好将主要精力放在战场上。正始二年（241年）、正始四年（243年），他分别率军对抗孙吴，所向披靡，战无不胜。

但只要司马懿还手握兵权，曹爽就永远无法除去这枚眼中钉。为了进一步削弱司马懿的军事力量，曹爽提出征战蜀国的请求。此时，蜀汉国势日衰，对曹魏已不能构成军事上的威胁。

曹芳反对曹爽出兵，司马懿也认为曹爽不可草率行事。但曹爽只有借伐蜀的机会才能与关中诸将共事，并直接指挥、调动魏国的军事力量。假如这次征战他能收服人心，那么司马懿的军权自然就被削弱了。

司马懿见曹爽执意伐蜀，便安排司马昭为征蜀将军，以防曹爽有进一步的行动。

曹爽伐蜀，志不在凯旋，所以这是一场必输的仗。两个多月后，曹爽放弃了建功立名的心，收兵回师，落得个劳师动众、大败而归的结局。

军事上的失利并没有影响曹爽想要把持朝政的野心。他先安排自家兄弟曹羲、曹训和曹彦分别担任禁军统领与侍从大臣，近乎软禁曹芳。而后，曹爽又将同党名士如何晏、邓飏、丁谧等人提拔为尚书。除此之外，司隶校尉、各郡太守等不少重要官职，他都安排了同党中人。

在曹爽看来，此时的曹魏的朝堂已被他安排得天衣无缝了，任司马懿再会筹谋，也唱不出"空权计"了。

事实上，这张看似天衣无缝的大网里，正巧有一把曹爽忽视的小刀，那就是司马师接任了中护军一职。当然，曹爽并非毫无戒备，他试图架空司马师，将禁卫军军权集中于曹羲手中。

司马师身为中护军，虽少了重要兵权，却有选举武官的权力，只要他极力整顿，就仍有培植亲信的力量。

为了"江山大业"，曹爽进一步将魏明帝曹叡的皇后、现在的郭太后从曹芳身边"请"了出去，以防她为曹芳出谋划策。

司马懿眼看势力终将不保之时，他的原配之妻张春华去世。于是，司马懿借此机会上奏皇帝，称病不朝。

此时，司马懿退出政治舞台，在大部分人看来，他大势已去，不过是趁机保命罢了。曹爽这一手又一手的狠招，确实杀得人喘不过气来。

正始五年（244年），山涛四十岁，终于出山做官了。他先是担任了河内郡主簿、河内郡功曹、河内郡上计掾，因功绩突出又被州郡举为孝廉，而后升任了河南从事。

山涛为曹魏和朝廷效力，只问功绩，不做结党营私之事。但是，当时担任司隶校尉和河南尹的人，正巧是曹爽的两个党羽——毕轨和李胜。所以，山涛在别人眼里也是曹爽的

"党羽"。

司马懿广揽人才时，山涛因不参与结党营私拒绝了。而这一次，他却成了"曹爽集团的人"，在这种境遇之下确实令人难以自证。

曹爽的野心已昭然若揭，司马懿的用意却没有让外人看清。天欲其亡，必令其狂，曹爽显然已是"疯狂"之人了，那他的结果必然是走向毁灭。

更何况，司马懿如此老谋深算，曹操豪强多诈，他尚且能逃得过，一个"莽夫"曹爽，能是司马懿的对手吗？

暂时的示弱，正是要曹爽更狂，好让他忽视自己，为下一步的打算积累力量。司马懿如今只有以守为攻、以退为进，才能找到破局的方法。

山涛思来想去，终于想通了司马懿称病不朝的动机。他在惊出一身汗之后，卸下官职，半夜悄悄地溜走了。此后，他"遂隐身不交世务"，过上了地道的隐士生活。

不过，懂得避祸之计的并非只有山涛一人，高平陵政变前一年左右，阮籍也托病辞去了参军一职。只是，阮籍的弃职看上去很是平常，并不如山涛那般带着紧迫、神秘的意味，使人们忽视了阮籍的先见之明。

假如没有这场急流，竹林七贤或许不会如此酣畅、长时间地相聚。这段归隐生活，在外人看来是消极避世，但对于他们来说是人生中最精彩的篇章。

这世间的大多数人，谁不是"隐士"呢？我们都在闹市中，做着普通人，似乎与竹林七贤一样，聊聊天、喝喝酒、弹弹琴、访访山……

  但是普通人在精神上很难达到竹林七贤的高度，只能偶尔学学他们的处世方式。我们从心底羡慕竹林七贤的恣意人生，也佩服那些能提前预知、敢于急流勇退的人。对于那些整日忙碌停不下来的人，请记得抽出时间去外面世界看看，享受几日悠闲的时光。

故技重演的一场好戏

山涛颇有远见地"投传而去"了，留下的大多数人如石鉴一样认为，皇帝只要下封诏书，太傅便会彻底罢归了。

一连许多天过去了，司马懿的身体并无见好的趋势。曹爽见司马懿果真不问朝政，行为更加猖狂起来。

正始九年（248年）三月，张当为了讨好曹爽，献上了十几名歌姬舞女供他享乐。这些歌姬舞女是曹叡在世时的宫女。另外，曹爽还擅自享用宫廷乐器、乐队，擅自调用禁兵。不仅如此，曹爽除排挤司马懿外，还开始排挤整个魏国非曹氏宗亲集团，以至于其弟曹羲曾多次劝他收敛一些。曹爽为所欲为、专横跋扈的做法，把满朝文武推向了司马氏一方。于是，人们不得不怀疑曹爽已对皇室产生了图谋不轨之心。

也许是做贼心虚，也许是想要制止谣言，也许是担心这谣言出自司马懿的奸细之口，总之曹爽不放心地派人打探消息了。

这年冬天，河南尹李胜官拜荆州刺史，不久将要离开河南，便借辞行到司马懿家中打探虚实。

司马懿年轻时称病，连家中婢女都被他骗了好多年，更何况区区李胜。李胜来到司马懿府邸，直接被下人带到了司马懿的卧房中。只见司马懿半躺于病床之上，头发散乱，精神萎靡，一副垂死之状，看得令人很是心疼。

李胜说明来意，司马懿并未理会，而是召唤婢女近前伺候，为他更衣。司马懿假装手抖如筛糠，拿不住衣服，接着又试图喝粥，结果嘴巴、舌头也不管用。

李胜见司马懿病得不轻，着实伤感起来，禁不住掉下了几颗眼泪。司马懿见状，只好虚弱无力、气喘吁吁地"交代后事"。

形神已离、茶饭不食，这样的病人还能活多久？曹爽得知司马懿已病危，变得更加张狂了。

此时，司马懿可动员的力量十分有限。除司马师出任中护军时偷偷养的三千名死士外，余下的便是笼络曹魏皇室的老臣了。诸如，太尉蒋济、司徒高柔、太仆王观等，他们一直对曹爽不满，司马懿决定以维护曹魏皇室为名发动政变。

为了让政变更具"正义感"，司马懿又放出了蛊惑人心的舆论。当时坊间流传着"何邓丁，乱京城"的说法，这无疑能蛊惑民心，好让这场政变大快人心。何，是何晏；邓，是邓飏；丁，便是指丁谧。此三人，皆为曹爽的心腹，且名声不好。而曹爽正是在他们三个人的怂恿之下，欲望逐渐膨胀的。

这次筹划中，笼络老臣、制造舆论都不是最难的，最难的是逃脱偷养死士、私藏兵仗和甲胄的谋逆大罪。司马懿虽为朝廷重臣，但三千名死士、兵马、武器不易密藏。而这也正是司马懿的高明之处，他并未密藏武器，只在发动政变时占据武库，便获得了大量武器。同时，这样也能削弱并切断曹爽军队武器的来源。

以当时相关史料推知，除有巡逻、宿卫任务的士兵外，其他禁军的武器均存放于武库中。假如京师动乱，士兵可依次入武库，自取兵器。所以，司马师偷养的死士很难被人发现。

正始十年（249年）正月初六，曹芳要离开洛阳城，去往高平陵祭祀魏明帝曹叡。为了保证曹芳的安全，曹爽提议，由曹羲、曹训和他陪着曹芳前去。

时任大司农的桓范，听完曹爽的安排后极力反对。在他看来，统率禁军，掌握政权、军权的三大要员全部离开，城内一旦有人发动政变，谁能应对呢？

曹爽唯一担心的人是司马懿，如今司马懿已生命垂危，他又有何担心？只说一句"我看谁敢"，便按照计划同兄弟陪同曹芳一起离开了洛阳城。

当曹爽一队人浩浩荡荡地离开洛阳城时，司马懿立即起身，开始谋划占领军事要地之事。他命司马师、司马孚将士兵召集起来攻击司马门，司马昭则负责率兵监视郭太后。在城内的军事要点全部被控制的情况下，司马懿又与蒋济一起控制了洛水浮桥，以迎击曹爽的反击。

司马门一旦关闭，就隔绝了城内外之间的联系。曹爽即使拥有通天之手，也无法得到城内救兵的援助。因为，司马懿已先发制人地掌控了武库，城内曹爽军队的士兵少了武器便没了抵抗的意志。

完成第一步之后，司马懿要挟郭太后以太后之名给皇帝曹芳下诏，历数曹爽等人的多条罪行，且称他们"有无君之心",所以按照郭太后的意思,收回曹爽兄弟的兵权。为了显示此行动为正义之举,在下诏时又说,此举乃是"清君侧",并非"反皇帝"。

一日之内,朝廷内发生了翻天覆地的变化,打得曹爽几乎失去了思考的能力。司马懿明白假如此时把曹爽逼得狗急跳墙,他恐怕会"挟天子以令诸侯"。为此,司马懿派侍中许允、尚书陈泰等劝说曹爽,只是罢他兵权,并非要置他于死地。只要他肯交出兵权,仍可回府,保留爵位。

司马懿怕曹爽孤注一掷,曹爽也怕司马懿手里还有更多、更大的底牌未展露出来。桓范逃出洛阳城,告诉曹爽兄弟可以将曹芳迁到许昌,然后以皇帝名义调集外地军队勤王,仍可以与司马懿一决雌雄。

是保命,还是保权?此时,曹爽已被司马懿吓得只敢保命了。所以,曹爽决定,答应司马懿的条件,回府继续做他的皇室宗亲。

桓范见曹爽如此懦弱,气得放声大哭,并骂他们曹氏兄弟是一帮没出息的人,害得他们的手下都要跟着遭受灭族之灾了。

桓范素有"智囊"的称号,事实上,他确实料事如神。只是,他料来料去,没料到自己跟错了主人。蒋济也是一位"智囊",在桓范逃出洛阳城后,蒋济颇为担心地向司马懿报告了此事。

司马懿听完,心平气和地说:"无妨。桓范虽料事如神,但曹爽优柔寡断,必不会听取桓范的意见。曹爽不过是一匹贪恋马槽里那点饲料的驽马而已,只会留恋爵位家业。"

曹爽手中没了兵权,便是一只待宰的羔羊。原来,"豹子皮"一旦脱下,他连与人斗争的胆识都没有了。

老虎假装病猫是为了掩藏自己的实力;而人假装毒蛇猛兽却将自己暴露在了野兽之间,任它们垂涎欲滴地等待吞吃自己的机会。

曹爽思考了一夜,最终还是没能克服人性的弱点。顺应天道,那是智慧;顺应人性的弱点,必然走向堕落,甚至毁灭。

重重复重重

曹爽回到洛阳城府中,一切似乎已尘埃落定。

高平陵之变似乎也应该结束了。此后,各归各位,各就各职。

且慢,司马懿敢"冒天下之大不韪",所要的绝非只是架空曹爽。想要架空曹爽权力的是朝中老臣,他们只想恢复旧日的秩序。

司马懿和曹爽同受托孤之命,司马懿本就应享有同等的权力。奈何,曹爽打破了这种平衡,又排斥朝中老臣,才使得老臣更愿意站在司马懿这一方。而司马懿的行动,在众臣看来,不过是夺回属于他的权力,接下来他们仍一同为朝廷效力。不承想,这帮老臣也如曹爽一般,被司马懿清除了。

司马懿首先想要除掉的人自然是曹爽。正所谓斩草不除根,便是养虎为患。不过,司马懿并不傻,不会在曹爽交出兵权后便直接除掉他。他要得民心,就得让曹爽死得顺理成章。据传,他先把曹爽监禁起来,并在周围搭建了高楼,只要曹爽一动,站在高楼上的士兵便会大声呼喊,让曹爽痛苦不已。

在精神上折磨曹爽的同时,司马懿还搜集曹爽的"罪行"。只要司马懿坐实曹爽想要篡位，他就可以名正言顺地拿走曹爽的小命。

蒋济反对司马懿诛杀曹爽，曹爽毕竟是曹真的儿子。况且，司马懿曾于洛水浮桥边发过誓，绝不会杀掉曹爽。蒋济也有识人之才，却与桓范一样，对自己跟随的主人判断失误。蒋济认为，功臣与宗室之间，唯有两股势力保持平衡，才不会有一方势力独断专行。

司马懿当然知道两股平衡的势力更能保持曹魏朝政的稳定，但他想要的从来都不是曹魏朝政的稳定，所以对他而言，铲除另一股势力是势在必行。蒋济此时向司马懿讲述政权平衡的重要性，司马懿当然听不进去，只是更加确定自己不能受制于人。

失望的蒋济因失信于曹爽，在高平陵之变三个月后便病逝了。临终前，他辞掉了封侯之赏，站在了司马懿的对立面。同时，曾经帮助司马懿劝说曹爽的许允和陈泰等人，也开始反对司马懿，站在了他的对立面。

为了搜罗曹爽谋反的罪证，司马懿先找来了与曹爽交往密切的关键人物——张当。经过一番严刑拷打后，张当很快招认了曹爽"谋反"的事实，并详细地罗列了参与谋划的人员名单。

在这份名单里，除曹爽兄弟外，还有曹爽的亲信何晏、邓飏、丁谧、毕轨、李胜、桓范。最终，他们这些人被处死了，并被"夷三族"。三族，指父族、母族、妻族，连已出嫁的女儿也无法幸免。

何晏虽然也在被捕杀的名单之列，但司马懿故意派他参与审理案件。何晏见自己还有用处，为了保命，检举揭发了不少曹爽的事，以及参与曹爽活动的盟友。何晏虽是玄学家，擅长清谈吃药，却没有山涛、阮籍般的远见，没能逃过司马懿之手。

司马懿手起刀落间，曹氏及近亲、部下、心腹等，在"夷三族""诛八族"中，近三千颗人头落地！

不仅司马懿是一只老虎，他的家族的人更是无数的猛兽，向每个与曹爽、与政权有关的人扑去。

得人心者得天下，失人心者杀天下！

所以，我们永远不要与这种利益为上者做交易，因为他们从来都是翻脸无情，不留任何情面的。在他们眼里，无所谓忠臣与奸臣，有的只是永远的利益与权力。

司马氏崛起，那些重臣老臣注定被降职，或远离政治中心，就算他们曾经支持过司马懿。但因为他们"心怀曹魏"，司马懿不得不一一解决掉他们。他们曾经是司马懿拉拢的对象，但一旦消灭了曹爽的势力，当初拉拢他们的口号，就成为下一步消灭他们的理由。

历史总是在重演。曹魏军权落入司马氏家族手中，皇帝曹芳也成了司马氏家族的傀儡。"挟天子以令诸侯"是曹操的把戏，司马懿应用起来更是得心应手。

正始十年（249年）四月，年号改为"嘉平"。嘉，美也，特指美好、吉庆、幸福、快乐之意；平，有平静、安静、平和之意。

司马懿自然希望百姓平和，对他把控政权感到快乐。只是，有此欢喜之心的，怕是只有司马氏一族吧。

所以，"嘉平"二字，更像一个笑话。

重臣老臣走了，那些重要职位突然多出许多空缺来。司马懿此时亟须招揽人才，而他这次的大屠杀必然会引起朝野上下的不满。为了填补空缺，培养自己的心腹，司马懿开始网罗天下名士。

名士是一个才华横溢、直抒胸臆、清高且备受人们敬重的群体。司马懿假如能将他们收入自己门下，人们会更容易认为他做的事是"正义"的。那些高风亮节的名士都认可了他的做法，不正是说明他不是为一己之私而取天下的吗？

除此之外，司马懿也确实需要更多的人才，竹林七贤自然成了司马氏一族的重点网罗对象。

面对嗜血的司马懿，他们该何去何从？与魔鬼为伍，自己也会变成魔鬼吗？

或许会，或许不会。若是司马氏一心为民，自然人心归附，也就谈不上与魔鬼为伍。放到现在来看，竹林七贤面对的是难以抗衡整个皇权社会带来的压力，很难不在某些方面做出一定的妥协，包括自由且狂放不羁的生活。当然，出淤泥而不染、天性纯良的人也有不少，只不过大环境的变化让小我的选择变得更加艰难。

第三章　魏晋很乱，我自心安

谈玄：与其坐而论道，不如起而行之

魏晋权斗剧烈，战乱频繁，生存环境极为不易。当大名士何晏成为司马懿的刀下魂时，名士只能更加小心谨慎了。

不臧否人物、行为令人捉摸不透、一心向道，成了名士"保命"的有力武器。魏初清谈承接的是汉代清议的理论，两者性质相差不远，都是以激浊扬清、弘扬正道为目的的谈论。他们大多以儒家道统为标准，或批评现实，或品评某位当世人物，当然也包括上书、奏议等。

曹爽在世时，何晏以尚书名义主持选举，当时人们称赞道："正始中，任何晏以选举，内外之众职各得其才，粲然之美，于斯可观。"何晏在选举人才方面，能将人才安排得人人满意，当然能得到大家称赞。但选举须批评人物，何晏在选拔人才时获得了人们的赞美，所以那时清谈未必一定"坐而空谈"，还是有一定的实绩的。

不过，自西汉武帝以后，儒家之学定为一尊，百家之学遂逐渐式微。东汉中期以后，外戚专横、灾害频发、宦官当政等天灾人祸导致了社会极为动荡不安，人们开始思考起人生的意义来。儒家经典与老庄思想合而为一成了名士乐于追求谈论的话题。到了汉末,清议之风被"党锢之祸"打压,名士不敢再讨论政治,只好谈玄说理,坐而论道。

对于竹林七贤而言,他们的清谈主要是谈玄。玄有三玄,据颜之推《颜氏家训·勉学》所定义,"《庄》《老》《周易》,总谓三玄"。

魏晋时期,名士喜欢谈论《庄子》也是当时习以为常的事,如向秀作《庄子注》还曾被嵇康取笑。嵇康虽不注庄子,但写下了不少关于道学的文章,像《声无哀乐论》和《养生论》,算是三玄的延伸思想了。

在名士的清谈中,他们逐渐认为,宇宙万物最高的原理是"统之有宗,会之有元",事实上,这也是儒道两学合二为一的学说。一个人,既要有"统"有"宗",也要"宗"归自然,归于"元",这样才能在俱化外物的同时,内心也能逍遥自在。

玄学自竹林七贤开始,自然与名教之争越发激烈。不过,阮籍、嵇康等人虽然崇尚自然,却从未忘记名教。阮籍之所以不奉礼教,实则是因为不愿被政治上倡导的伪礼教约束。鲁迅先生也认为,"表面上毁坏礼教者,实则倒是承认礼教,太相信礼教"。

一个人,只有极为尊重一个事物、理想、理念,才会怕它变坏,被别人践踏。七贤之后,仅仅是效仿竹林七贤的"不奉礼教"不过是东施效颦罢了,那些人实则没有自己的思想内核。

在《世说新语·德行》中,便记录了这样的小故事:"王平子、胡毋彦国诸人,皆以任放为达,或有裸体者。乐广笑曰：名教中自有乐地，何为乃尔也？"王平子、胡毋彦国等人都把放荡不羁当作豁达，有时还赤裸着身体。所以，乐广笑着说："名教中自有快乐之地，为什么这样做呢？"正是因为名教中的"乐地"广为流行，所以便有了后来的效仿者。刘孝标注引王隐《晋书》曰："魏末阮籍，嗜酒荒放，露头散发，裸袒箕踞。其后贵游子弟阮瞻、王澄、谢鲲、胡毋辅之之徒，皆祖述于籍，谓得大道之本。故去巾帻，脱衣服，露丑恶，同禽兽。甚者名之为通，次者名之为达也。"阮籍也曾嗜酒放荡不羁，披头散发，袒露过身体，所以才有了后来的贵公子效仿阮籍之事。他们还说，这才是大道之本，故去掉头巾、脱去衣服，但这展露的是一种丑态，如同禽兽。

这些人既不通达儒学经义，又未达到老庄放达的思想，仅仅是一味效仿阮籍的"荒放"外形，自然成为人们不屑的对象。也因为他们的"荒放"，后人才对清谈产生了极大的误会，以为清淡者居官不救世，睹民乱不思变革，简直是"清谈误国"。

王戎的堂兄王衍，是一位擅长清谈的名士。他手挥拂尘，侃侃而谈，丰姿秀美，仙风道骨。山涛对他的评价极高。晋武帝司马炎听说王衍的大名后，问王戎怎么看，王戎说："当世无人能与夷甫（王衍的字）相提并论，唯应从古人中寻。"

王衍与阮籍不同，他不是形骸"荒放"，而是行为"荒放"。他散尽父亲留下的遗产，回到田园中耕种去了。后来，他又出仕做官，可谓历官清显，贵为三公。

王衍不受困于外物的自由，是当时许多人向往的境界，然而到了后世，人们却批评王衍。据《晋书·王衍传》载，石勒俘获王衍后,两人"清谈"了一番,谈完石勒大怒,曰:"君名盖四海,身居重任,少壮登朝,至于白首,何得言不豫世事邪?破坏天下,正是君罪!"

此后,世人便把西晋灭亡的罪归到了王衍等高官、名士身上,认为是清谈误了天下。然而,以当时的政局来看,名士即使批评曹爽,有何意义?司马懿得势后,他们再来批评嗜血的司马氏又有何意义?

名士群起而攻之,真能改变时局吗?

当名士不再是高洁、清廉、好的道德品行的象征时,也不过是普通人罢了。唯有嵇康、阮籍、阮咸这样的真名士,才敢用行动反对伪礼教,用拒绝出仕反对司马氏的胜利。

当一个人没有能力改变世界时,唯一能做的便是不被这个世界改变。如果能再进一步,就先从改变身边的人做起。

当谈玄成为风气,它有了改变很多人的力量。只是,凡事一旦过了头,就会向坏的方向发展,这是自然规律,各种思想均是如此。

并非儒家不好,也并非道家不好,而是那些效仿者,因为空有其形,坏了其道。儒家学说中有道家思想,道家学说中也有儒家思想。没有什么学说是唯一真理,只有"实践出真理",也就是说只要对人有益处,能起到积极向上的作用,它就是好的学说。

嘴上功夫再好,形骸再"荒放",终究是"无用之人"。这样的人怎能不误国,不辜负天下百姓?夸夸其谈的人,终究不如踏踏实实干事的人带来的实惠多。

酒：心中无忧，何须解愁

人生苦短，世事无常，生活在魏晋时代的人更是觉得人生如梦。

不仅仅是名士、普通百姓有忧愁，戎马一生、雄心壮志的曹操也乘着酒兴写下过《短歌行》：

> 对酒当歌，人生几何？
> 譬如朝露，去日苦多。
> 慨当以慷，忧思难忘；
> 何以解忧？唯有杜康……

对于曹操来说，能解心头之忧的唯有酒。酒是人们解忧消愁的工具，只要人心里有愁、有忧，端起酒杯，猛灌几口，忧愁仿佛便消失了。

虽说这种解忧方式的效果很短暂，但行之有效啊。

事实上，古人饮酒并非为了酒中作乐、酒中消愁，还为了"酒以成礼"。在《世说新语·言语》中，便写到钟繇的两个儿子钟毓与钟会偷喝酒。钟繇发现后，假装睡着了。钟毓拿到酒,先跪于地上礼拜,之后才喝酒。钟会见父亲正在酣睡,便毫无顾忌地痛饮起来。钟繇见他们喝完酒后,马上起身问钟毓:"你为何要行拜礼?"钟毓说:"酒以成礼,不敢不拜。"钟繇再问钟会,钟会则说:"偷本非礼,所以不拜。"

这两个儿子中,似乎钟会更聪明,实则不然。钟会的不合礼、心术不正,让他成了一个趋炎附势的阴谋家,也为其日后的命运埋下了伏笔。

竹林七贤里的刘伶、阮籍等也不拜酒,他们似乎成了钟会之辈,然而事实并非如此。道家追求的是"饮酒则欢乐",或以酒消解名教与自然的对峙状态,让人们能摆脱礼制的束缚,让心性自在,与钟会的诡计多端大为不同。

嵇康虽喜欢饮酒,却是清心寡欲的小饮,因为他认识到了以酒养心的妙用。阮籍饮酒,是借酒抒发真性情,同时向名教发起挑战。阮籍好饮酒,逮着机会就酣饮不止。有一次,他听闻步兵厨贮存的好酒多达三百斛,便要求去做步兵校尉。没多久,阮籍甚觉无味,又谢病归辞了。

后来的阮籍饮酒,则是为了避祸,是酒遁,不能不饮了。不过,《晋书·阮籍传》则说:"籍本有济世志,属魏、晋之际,天下多故,名士少有全者,籍由是不与世事,遂酣饮为常。"

因为天下大乱,名士多成为刀下魂,心怀大志的阮籍出仕不能,出世不甘,所以才借酒浇起了愁。天不遂人愿,心中有苦也不能诉说,那苦水只能借着酒一起吞到肚子里了。

向秀饮酒有儒家的礼,同时有道家的潇洒。他但求酒中之理,不会越名教,更不会越自然。阮咸耽酒,与猪共饮,看似是沉沦,实则没了外物。山涛饮酒点到为止,从不过量。他借酒交友,怡情遣性,节制得很自然。王戎饮酒更像阮籍,也更像他要诉说的无常的人生。他时而如阮籍般狂饮无度,时而如山涛般饮而有度。有了酒,无常、生死、荣辱、是非都被化解了。一杯酒,不仅能解万事愁,还能让人忘记自己。

当然,最爱饮酒的就数刘伶了。他饮起酒来就像射出去的快箭,只想一直痛饮,直到生命终止的那天。有人说,刘伶豪饮表达的是原始生命力,它有力量,甚至是超脱的。他看似以酒为命,实则正如人生,执着到无酒不欢、无酒不能生。事实上,酒的表象背后是人,人的表象背后是心,心的表象背后是"道"。

有人说,刘伶是《庄子》里跳出来的人物,因为庄子对刘伶的思想影响巨大。庄子笔下的大鹏鸟、以八千岁为春秋的大椿树等,与刘伶的"以宇宙为狭"同出一源。他们都想表达自己的"天人之际",以及精神上的"逍遥游"。

如果说阮籍的痛饮带了忧愁,那么刘伶的嗜酒只有逍遥。刘伶是人生即艺术,艺术亦人生。他没有阮籍的不得志,只有为了醉酒而醉酒的潇洒。

西晋名士张翰也爱饮酒。"八王之乱"时,他认为官场已不再适合他,便辞官回乡了。时人将他比作阮籍,于是他成了旷达好酒的"江东步兵"。有人问他,你固然可以纵情享乐,但你就从不考虑一下身后名吗?

张翰是真名士,自然真风流。他说,与其使我有身后名,还不如即时的一杯酒。

张翰能放下身后名和当下名,可见他已到了生命的大乐。可是,有些人偏偏看不惯他们,甚至带着吃不着葡萄说葡萄酸的心理来指责他们。在《世说新语·任诞》中,王孝伯说:"名士不必须奇才,但使常得无事,痛饮酒,熟读《离骚》,便可称名士。"

你看,许多事就是如此,正反两面都可以说,且都能得到一批人的拥护。像王孝伯这样的酸人,世间多得很。

但是王孝伯这番话得罪了很多人。后人多骂他是无知之辈,不过,既然是如此平庸无知的凡夫俗子,那么我们又何须介怀!

名士是什么,也只有真名士才能懂得。

后人李白似乎懂名士,也懂得饮酒。他说:"古来圣贤皆寂寞,唯有饮者留其名。"

李白不想做一个寂寞的人,也不想做圣贤,他做了一个留其名的饮者。

在竹林七贤里,唯有刘伶是以酒闻名;而并不以酒为生的阮籍,自然以才华、琴艺、志趣等闻名了。

对于一个非酒的狂热者来说,并不能知晓酒能否打发寂寞,唯一知晓的是这世间人大多寂寞。

对于酒的狂热者而言,何以解这寂寞之愁?唯有杜康。

琴：弹的不是琴，是"神"

琴棋书画，是中国大多数传统文人必备的技能。而魏晋近乎是艺术空前发展繁荣的时期。打开《世说新语》，翻阅魏晋历史，便能看到这一时期产生了太多的艺术家，真是灿若繁星，多不胜数。

竹林七贤对琴棋书画，近乎无所不通。虽然关于他们在棋的方面的记载不多，但未必他们不爱棋。不过，在这四门技艺里，他们对于琴，可谓将其"艺"发挥到了出神入化的地步。

琴，亦称瑶琴、玉琴、七弦琴，是中国最古老的乐器之一。古琴在孔子时期就已盛行，被列为"四艺之首"，是古代文人雅士必习的技艺。在魏晋时代，名士几乎都爱弹琴，且都擅长弹琴。因为对弹琴颇有心得，嵇康写了《琴赋》，阮咸写了《律议》。

嵇康在《琴赋》中说："众器之中，琴德最优，故缀叙其所怀，以为之赋。"琴是所有器物中，德行最优的。它能遣怀心事，仿佛写出了一篇好文章。可见琴的地位之高，以及他对琴的推崇。《广陵散》是千古绝唱，嵇康还创作了《嵇氏四弄》。对于琴，他是"常修养性服食之事，弹琴咏诗，自足于怀"。对于人生愿望，他是"浊酒一杯，弹琴一曲，志意毕矣"（《与山巨源绝交书》）。送哥哥嵇喜入军时，他"目送归鸿，手挥五弦"。他被构陷下狱，临终之际，他"顾视日影，索琴弹之"。

琴对于嵇康来说，就像他的手一样不可或缺，少了琴，他的人生就不完整了。

嵇康虽是出色的音乐家，但出身音乐世家的人是阮氏叔侄。阮籍的父亲阮瑀是建安七子中著名的古琴家。他幼时师从蔡邕学习音乐，培养了深厚的音乐素养。阮籍还在幼年时，父亲阮瑀便去世了，不过他继承了父亲的琴艺，甚至比父亲更优秀，有《酒狂》流传后世。他在《咏怀诗》中说，"夜中不能寐，起坐弹鸣琴""青云蔽前庭，素琴凄我心"。可见，琴是阮籍的常备之物，也是他排忧解愁的必备之器，他已经离不开琴了。

弹琴咏诗，以琴抒志，以琴消愁，以琴自娱，以琴交友，甚至以琴吊丧，都是魏晋名士喜欢做的事。

以琴消愁、自娱、抒志都可理解，为何琴还能吊丧？

在《世说新语·伤逝》中，便记录了一个以琴吊丧的故事："王子猷、子敬俱病笃，而子敬先亡。子猷问左右：'何以都不闻消息？此已丧矣！'语时了不悲。便索舆奔丧，都不哭。子敬素好琴，便径入坐灵床上，取子敬琴弹，弦既不调，掷地云：'子敬！子敬！人琴俱亡。'因恸绝良久。月余亦卒。"

王子猷、王子敬都病倒了，而王子敬先死了。于是，王子猷问身边的手下，说："我怎么最近都听不到子敬的消息了？看来他已经死了！"语气并不悲伤，他命人找来轿子去奔丧。一路上，王子猷没有掉下一滴眼泪。王子敬生平最好琴，王子猷进门后便坐到了灵床上，要来了子敬的琴准备弹奏，但琴弦怎么都调不好。忽然，王子猷将琴扔到地上，说："子敬！子敬！你人和琴都死了。"说完，王子猷开始痛哭。一个多月后，王子猷也去世了。

人琴合一，人亡琴亡。王子猷调不好弦，或许是因为琴已亡，随主而去；或许是因为子猷悲痛，心死已矣。无论哪种原因，都是人心已"死"，其琴必然也"死"，最终只能"人琴俱亡"。

阮籍的侄子阮咸也善鼓琴，阮咸的儿子阮瞻也颇有琴名，史载他"内兄潘岳每令鼓琴，终日达夜，无忤色"。可见琴之技艺与家族传承大有关系。

一个人在某个方面自幼被熏染得多了、久了，自然能积累一定的素养。与其说名士弹奏的是琴，不如说弹奏的是一种人文精神。

孔子学琴的师父师襄子是一位盲人。传说，师襄子为了弹好琴，自挖其目，因为他通达绝利一源、用师十倍的道理。意指，想要练好自己的听力、感受的能力、静心的能力，须绝"一源"，才能达到用师十倍的功效。

孔子很佩服这位老师，特意跟他学琴。孔子学习了十天，仍不学习新的曲子。师襄子说，可以学习新曲了。孔子却说，我已熟悉乐曲形式，但还未掌握方法。又过了一些时日，孔子已熟悉弹奏技巧,师襄子打算教孔子新的曲子。孔子仍未同意,因为他还未能领会曲之意境。待了解意境之时,孔子又称不了解作者,直到他神情俨然,弹琴时进入庄重肃然、怡然高望的境界时,才说:"丘得其为人。黯然而黑,几然而长,眼望如羊,如王四国,非文王其谁能为此也!"

孔子仿佛看见了曲中人,这人体形颀长,眼睛明亮,思想深邃,像一个统治四方的王者。如果不是周文王,那么还有谁能创作出这样的曲子来呢?师襄子听完孔子的描述,起身下拜说:"你真是个圣人,此曲正是《文王操》。"

人们常说,人与人之间没有真正的感同身受。然而,对于艺术家来说,他们偏偏有着十分敏感的心,也能体会别人的情绪。

据说,有一日,孔子弹琴,弟子曾参、子贡坐在外厅听琴。一曲终了,曾参听出了孔子弹的琴声中尽是贪狠邪僻的情绪,与孔子的道德品行完全不同。

子贡听完曾参的话,也以为然,然后将曾参的话报告给了孔子。孔子听完赞叹曾参,说他是一位大贤人。

因为孔子案边有一只老鼠在室内游走,而猫正在房梁上望着地下的老鼠。望见猎物的猫,已选好位置,眯着眼睛,弓着身子,只等老鼠路过,趁机扑住老鼠。不过,最终猫并没有抓住老鼠,孔子见到了这个场景,感受到了猫的情绪,这情绪便出现在了琴声中。

当一个人心无旁骛抚琴时,琴声中只有音乐的流动、作曲者情绪的释放,而这种情绪必然能传达给听众。

琴品,即人品。

在魏晋时期,抚琴、听琴是名士的精神气度与人格风流的象征。他们创作曲子,也是为了表达自己的审美情趣。

当弹琴者入了神、入了心、入了琴,他便穿越了时间与空间,可以畅游于宇宙间、逍遥于天地间。琴能沟通天地、沟通宇宙。

琴,可人琴俱亡;琴,亦可人琴俱神。

服食：毒从口入，病从体出

何晏是谈玄的祖师，殊不知，鲁迅先生说何晏还是"吃药的祖师"。

据《世说新语·言语》中所载："何平叔云：'服五石散，非唯治病，亦觉神明开朗。'"何平叔，便是何晏。他说，服食五石散，不仅能治病，还能使自己容光焕发、精神爽朗。

何晏是曹操的养子，娶曹操女儿金乡公主为妻，再加上曹爽执政后，又任命他为吏部尚书，所以何晏在政坛、文坛名望很高。在他开始鼓吹五石散后，人们很快效仿起来，使魏晋时期开启了服食五石散之风。

五石散，主要由石钟乳、紫石英、白石英、石硫黄、赤石脂五种矿石配制而成。自从五石散被何晏推崇后，由魏晋至唐，整整六百年，服食之风从未间断过。不仅如此，后来配方还被改进了，仅《隋书·经籍志》中，就记录了二十种五石散解散的配方。

五石散，仅听名字便知其药性极热，所以人服食后还需要解散，也称为"行散"。通常情况下，人们吃完后须疾走狂奔，通过出汗来发散药性；有时也需要"寒衣、寒饮、寒食、寒卧，极寒益善"来解散。

在竹林七贤中，嵇康十分喜欢服食五石散。《晋书·嵇康传》载："康又遇王烈，共入山。烈尝得石髓如饴，即自服半，余半与康，皆凝而为石。"

王烈是《神仙传》里的一位世外高人，是嵇康入山采药时结识的朋友。这段话写的就是嵇康与王烈一起服食丹药的事。王烈尝了丹药后觉得不错，便分给嵇康吃。

当"神仙"都服食五石散时，人们就会更加坚信它的药效。在他们看来，五石散除了可以让人精神焕发以外，还有"人寿不老""济欲壮阳""美颜美容"等功效。

五石散是由五种名贵矿物合成，并非人人都能服食得起。后来，服食五食散成了富贵者身份的象征。在《太平广记·诙谐三》中引《启颜录》载："后魏孝文帝时，诸王及贵臣多服石药，皆称石发。乃有热者，非富贵者，亦云服石发热，时人多嫌其诈作富贵体。有一人于市门前卧，宛转称热，因众人竞看，同伴怪之，报曰：'我石发。'同伴人曰：'君何时服石，今得石发？'曰：'我昨在市得米，米中有石，食之乃今发。'众人大笑。自后少有人称患石发者。"

在北魏孝文帝时期，诸王及权贵大臣都服食"石药"，服药后会有"石发"，这种"病"也可以叫作"发热病"，所以那时能得这种病的人非富即贵，而有些人为了假装自己是富贵者，也会声称自己发热了。曾有一人卧倒在街头，称自己发热了，引来众人围观。与他一起的同伴觉得奇怪，那个人说自己是石发了。同伴就问他:"你什么时候吃过石药,怎么今天石发了?"这人回答:"我昨天买的米中有石,吃了今天便石发了。"众人听完大笑,以后很少有人称自己"石发"了。

连普通百姓都知道"石发",五石散在南北朝依然盛行的程度可见一斑了。

五石散在当时的人眼中有奇效,但在后人看来是一种"毒药"。因为服食了它的名士并未长生不老。事实胜于雄辩,为何一直到盛唐还有人乐此不疲?

因为长生不老、延年益寿、美容养颜是人们共同的美好愿望。而有些高士也确实服用,使得普通人也很向往服用它。假如一个人服药后,解散不当,说不定还有致命的危险。所以,演变到后来,五石散成了人们眼中的毒药。正如鲁迅先生所说:"倘穿衣多而食热物,那就非死不可。"

事实上,名士服食五石散并非头脑发热,而是有着十分理性的一面。嵇康在《养生论》中说:"夫服药求汗,或有弗获;而愧情一集,涣然流离。""其次,自力服药,半年一年,劳而未验,志以厌衰,中路复废。"意指,嵇康服食,不过是为了养生,但他有劳而无获,对石药产生过厌倦之意。只是随着嵇康对石药的研究,他发现了石药与心性之间的关系,所以他后来又继续服药了。

他说,一个人真正要服食的是"清虚静泰,少私寡欲"。思想上淡泊虚无,行为上安静泰然,慢慢减少自己的私心和贪欲。

老子曰:"五色令人目盲,五音令人耳聋,五味令人口爽,驰骋畋猎令人心发狂,难得之货令人行妨。是以圣人为腹不为目,故去彼取此。"

既然深知五色、五音、五味会伤害人的身体,纵情狩猎会让人放荡发狂,稀有物品会使人行为不轨,那么为何要去追求这些呢?唯有圣人但求腹中有饱饭,懂得安定知足的生活之道。

所谓抛弃五色、五音、五味,并非在心理上强行压制人的欲望,而是不过于追求这些东西。诸如竹林七贤,他们爱琴、好酒、喜书、善清谈,但其精神是纯朴、淡泊、饱满的。当一个人"外物以累心不存,神气以醇白独著,旷然无忧患,寂然无思虑。又守之以一,养之以和,和理日济,同乎大顺"(《养生论》)时,他便会进入安定的境界。

外物不累心,心神旷然无忧患,寂静时又不思虑,还能精神内守,并将身心调整到最和谐的阶段,这怎么不是最好的养生之道呢?

心无牵挂才不会追求物质享受带来的快乐,从而长寿。意指,一个人身心真正的"毒",乃是自己心性上的贪念,越是贪恋生命的长寿,有时反而越会短命。所以,越是执着于长生不老者,结局往往越是充满遗憾。

嵇康服食五石散是为了养生,不过何晏却正好相反。据《寒食散考》载:"盖晏非有他病,正坐酒色过度耳。故晏所服之五石更生散,医家以治五劳七伤。劳伤之病,虽不尽关于酒色,而酒色可以致劳伤。观张仲景所举七伤中有'房室伤',可以见矣。"

何晏没有病，但他酒色过度，原本就伤了身体，所以要借助五石散发散的药力实现滋阴壮阳的功效。孙思邈在《备急千金要方》中说："有贪饵五石，以求房中之乐。"到了后世，服五石散也只求房中之事了。

嵇康虽养生了大半辈子，却与何晏有着同样的下场。何晏被司马懿诛杀，因为他是曹爽的同党。嵇康和曹操有着同乡之谊，又娶长乐亭公主为妻，再加上小人谗言，碰巧又遇上吕安的事，导致他最终被司马昭所杀。

与何晏临终前拼命搜罗曹爽的证据不同，嵇康毫无畏惧地走向刑场，其独立、潇洒、坦然面对死亡的精神，不得不说他已将"心中的毒"都排出"体外"了。

他心中没有记挂着生死，所以无畏身体的死亡。

人格的养成、精神的独立、心性的自由，并非叫一句"名士"便真的是"名士"了，真正做到才算是"真名士，且自风流"。

时间和历史会淘汰那些徒有虚名之人，尽管他们都挂着"名士"的头衔。

游仙：入山何曾逍遥耶

无论哪个时代，都有一大批渴望归隐山林的人。

在今人看来，隐士无非是一园、一屋、一茶、一琴、一山。只要入得了山，守得了寂寞，有碗粗茶淡饭，便是隐士的生活了。

在魏晋时期，"隐逸文化"十分流行。竹林七贤相聚的这段时间，正是他们归隐的时间。然而，他们与当下人们渴望的归隐并不相同。《论语》中说："邦有道则仕，邦无道则可卷而怀也。"天下太平时那就出仕；当天下无道，不太平时，那就做个隐士。在心性方面，孔子说："隐居以求其志，行义以达其道。"意指，隐士所求并非事业、职业，而是"志业"。"志业"是一心向道的志向，以达其道的动力。他们看似无作为，但其自由、逍遥的功业，为后人提供了一个榜样。

当竹林七贤成为隐士时，"求其志，达其道"，成了他们的主要目标。为了"达其道"，游山访仙，向神仙寻求解脱的方法，便成了他们人生中最重要的一课。

嵇康对游山访仙之事最有兴趣。史载，他入山采药时，遇见了隐者孙登。

孙登（约220—280年），字公和，号苏门先生，汲郡（今河南省卫辉市）人。他没有家人，住在北山的一个土窟里。夏天，他用草编织衣服，冬天便用长发覆盖身体。他喜欢读《易经》，经常抚琴自娱，人们都很喜欢他。他性情温和，从不发脾气，有人故意将他投入水中，想看看他是否会生气，他却从水里站起来哈哈大笑而去。他经常游戏人间，经过的人家或送他衣食，他也不拒绝。他离开时，都舍弃掉。①

在《晋书》中有孙登的记载，《神仙传》里也记录了他的事迹。嵇康遇见孙登，便与他同游山泽，因太过开心而忘记了回家。

他们二人还遇见过樵夫，称他们是神仙。嵇康遇到孙登这位"真神仙"后，曾询问成仙的秘诀，只是孙登"沉默自守，无所言说"。《晋书·隐逸传》载："嵇康又从之游三年，问其所图，终不答，康每叹息。将别，谓曰：'先生竟无言乎？'登乃曰：'子识火乎？火生而有光而不用其光，果在于用光；人生而有才而不用其才，而果在于用才。故用光在乎得薪，所以保其耀；用才在乎识真，所以全其年。今子才多识寡，难乎免于今之世矣。子无求乎？'康不能用，果遭非命。乃作《幽愤诗》曰：'昔惭柳惠，今愧孙登。'"

嵇康后来又跟孙登游历了三年，嵇康见孙登始终不肯传授

---

① 孙登，字公和，汲郡共人也。无家属，于郡北山为土窟居之。夏则编草为裳，冬则被发自覆。好读《易》，抚一弦琴，见者皆亲乐之。性无恚怒，人或投诸水中，欲观其怒。登既出，便大笑。时亦游人间，所经家或设衣食者，一无所辞；去皆舍弃。——《晋书·隐逸传》

成仙法门，便决定离开。离别时，嵇康让孙登说点什么，孙登便说："你认识火吗？火生来就有光，但火从来没有用过光，所以火最重要的在于会用光；人生来就有才能，但有些人从来没有发挥过自己的才能，所以要学会用才。用光，在于得到薪柴，所以能保持闪耀；而想要用才，就在于你要有见识、能辨识以获得真才，这样才能保全自己。如今你虽然多才，但见识少，如果要入世，难免误终身，希望你能谨言慎行。"

孙登看出嵇康疾恶如仇、才多识寡，如果他入世难免要遭遇横祸，所以劝他不仅要自己有才，还要懂得识才。后来，嵇康果然遭难，才深觉愧对孙登。嵇康跟随孙登三年，他都闭口不言，正是以身作则，向他传授"道"的法门。奈何嵇康锋芒外露，不懂保护"火"和"才"，直到临终时才明白了孙登的一番话。

嵇康是一位真正的名士，但算不上真正的隐士。

嵇康遇见的隐士不止一位，孙登之外还有王烈。王烈和嵇康一起服食五石散，然后"又于石室中见一卷素书，遽呼康往取，辄复不见。烈乃叹曰：'叔夜志趣非常，而辄不遇，命也！'其神心所感，每遇幽逸如此。"（《晋书·嵇康传》）

王烈和嵇康在一间石室中看到一本书，王烈马上让嵇康去取，那本书却不见了。王烈见状叹息道："嵇康虽然志趣过人，却遇不到这样的缘分，真是命啊！"

虽然嵇康在"神仙"的队伍算不上是有天分的，但在竹林七贤中，嵇康与阮籍是中心，另外几人被他们的性情、品格吸引，向他们靠拢，与他们交游。嵇康本有济世之才，除七贤外，司马氏政权在得知嵇康、阮籍等人的才华后，也在拉拢他们。阮籍无奈，只能从之；嵇康性情刚烈，拒不做官，并且不懂"沉默"，站到了司马氏的对立面。

嵇康并非不想隐居，而是在暴政者的统治下，他无处可隐。对于隐居，他不仅"以求其志"，还"隐居以求其乐"。

只是，当一个人太有才华的时候，连做一个普通百姓的资格都没有。正如现代社会的名人，想要拜见、采访他们的人太多了，这使他们无处可藏，只能暴露在镜头之下、人群之中。

阮籍入朝为官后，受命拜访孙登，为皇帝求取延年益寿之术。阮籍见到孙登后，询问上古栖神导气之术，孙登不回应他。阮籍又与他谈论太古无为之道、五帝三皇之义，孙登仍不肯答话。阮籍有些生气了，"乃对之长啸，清韵响亮，苏门生逌尔而笑。籍既降，苏门生亦啸，若鸾凤之音焉。至是，籍乃假苏门先生之论以寄所怀"（《三国志·魏书》）。

苏门生便是孙登。阮籍对孙登长啸，孙登回啸，此啸犹如发自寰宇之间，声震千古；又如鸾凤之音，回荡于天地间，延绵不绝。

阮籍与孙登分别后，以苏门生为人物原型，创作了《大人先生传》。在这篇长文中，大人先生是一个"陈天地之始，言神农黄帝之事，昭然也"，"其视尧舜之所事，若手中耳"的人。孙登仿佛见过三皇五帝，对上古之事如同对自己的手一样熟悉。他"养性延寿，与自然齐光"，并"以万里为一步，以千岁为一朝"。孙登还能与自然之光合而为一，并以一万里为一步，以千岁为一日。他能"自以为能足与造化推移，故默探道德,不与世同"。这就更神奇了,他了解自然和道德的规律,故可以推移事情的演化与演变。

孙登这样的人,在阮籍眼中是真正的神仙。可惜,阮籍与嵇康一样,都因身上沾了俗气,不食人间烟火的神仙不愿与之交谈。

所以,嵇康和阮籍的神仙之道、修行之道,并无所得。

假如真正的隐士真有消极、积极之分,那也是人们的"欲加之罪"。世间从不缺乏附庸风雅的模仿者,当隐士成为超凡脱俗的象征时,自然有人愿意做一做隐士,以留下好名声。

只可惜,这"好名声"求得多了,就只剩下"好(hào)"名声了。这样的隐士,可不就是人们口中所说的消极之人,求留世之名的人吗?

入山果真能逍遥吗?不过自欺罢了。附庸风雅,终究不是真正的风雅;求其名,终究不是求其志。这颗心若是放歪了,是要入向哪里的"道"?

我们说"小隐隐于野,中隐隐于市,大隐隐于朝",真正的隐士,不是看藏身何处,而是看他是不是能够做到只追求内心的宁静,且无论在哪里都能找到一处属于自己的内心归属的所在。那么,如果你的内心是这样的,是正的,又何愁找不到属于自己的"道"呢?

慎之,慎之。

文学：关乎性情，直陈言尽即可

"魏晋之际，天下多故，名士少有全者。"在这个动荡不安的时代，名士无法直接陈说胸中不满之情、心中难酬之志，唯有将此沉郁之情化成笔底的文字，方能舒展其心。

赵翼在《题遗山诗》中说："国家不幸诗家幸，赋到沧桑句便工。"魏晋，也是一个国家不幸、诗家幸的时期。这动荡的政治风云，注定造就大批诗人。汉末建安时期的大文豪有曹氏父子、建安七子。而魏正始年间，有竹林七贤。

建安七子身处战乱年代，受战争影响，作品中多充满了英雄情怀，其诗歌慷慨激昂，对英雄充满了崇拜之情。竹林七贤所处的年代虽十分激烈动荡，但与建安七子不同的是，这种动荡来自政治上的腥风血雨。

他们不能崇拜英雄，他们无法评论政治、人物，因为暴政者会置他们于死地。在如此高压之下，他们只能避祸远离，从政治抱负，转向内心需求。他们以自己的视角和独特的方式，表达了对历史的反思和回应，开创了一种新的文学风尚。嵇康在《名与身孰亲》中写道："哀哉世俗殉荣，驰骛竭力丧精。得失相纷忧惊，自是勤苦不宁。"当时的人们为了名利殚精竭虑，为了得失纷扰忧心惊恐，从此勤苦心神不宁。当世道人心皆坏时，想要得到太多未必是件好事。

一个人在看透了富贵名利后，不仅能放下对名利的渴求，还会讨厌富贵，认为富贵名利是"杀"人的小刀。嵇康在《代秋胡歌诗》七首的其中一首里写道："富贵尊荣，忧患谅独多。富贵尊荣，忧患谅独多。古人所惧，丰屋蔀家。人害其上，兽恶网罗。惟有贫贱，可以无他。歌以言之，富贵忧患多。"

嵇康已经远离政治，尽量不引起他人的注意。然而，一个人真正的"富贵"，未必尽是自己所得的物质财富，能力、才华都是一个人的"财富"。他胸中有宝，加上自己是曹魏宗亲，身上又有中散大夫的闲职，想要远离政治几乎是不可能的。

表面上看来，嵇康是在抒发对富贵的厌恶之情，实则是在抒发自己卸不掉"富贵"的苦闷。有些心里话，虽不能清谈，但可以付诸笔墨，借助笔墨倾吐自己的衷肠。

当国家不幸时，诗人、百姓的心情是压抑的，这也注定了"诗家幸"。

嵇康擅长诗文，其诗文风格多变。他成就最高的《四言赠兄秀才入军诗》组诗，可谓经典之作。其"目送归鸿，手挥五弦"，已是流传甚广的经典之句。他的《幽愤诗》，后人的评价也很高。

《幽愤诗》是嵇康在牢狱里创作的。在特殊的环境下，他生平的忧郁之情和对时世的愤慨，全部借诗抒发了出来。他介于清醒理智与耿介个性之间，其矛盾的心态，更是反映了他对司马氏集团的复杂情感。不过，后人在评价此诗时，认为其表达了嵇康的软弱之情。他以内心独白的方式，自责、自伤，可不正是说明了他有些后悔吗？可是，自责未必表明他是后悔的，而有更多可能是感叹自己的不小心。他有志不就，有避世的夙愿，却因为自己夹在曹魏宗亲和司马氏集团中间，在吕安的事情上大意了，才给了司马氏趁机报复的机会。陈祚明在《采菽堂古诗选》中说："叔夜衷怀既然，文章亦尔，径遂直陈，有言必尽，无复含吐之致。故知诗诚关乎性情，婞直之人，必不能为婉转之调审矣。""嵇中散诗如独流之泉，临高赴下，其势一往必达，不作曲折潆洄，然固澄澈可鉴。"

嵇康终究是性情耿介之人，他的文章直接陈白，想说的话必须说尽，绝不会吞吞吐吐。所以，诗关乎个人性情，而一个倔强、刚直的人，就更不会作什么委婉的诗了。嵇康的感情在诗中旨意显豁、一览无遗，可谓人生行至此处，也无须再怕什么了，反正都是死。

阮籍文学成就也很高，他的《咏怀》诗在中国诗歌史上占据着崇高的地位。与嵇康相比，他的政治思想、生活态度，终究隐蔽些。他只能用象征、含蓄、曲折的语言表达苦闷的情怀。他"身仕乱朝，常恐罹谤遇祸，因兹发咏，故每有忧生之嗟。虽志在刺讥，而文多隐避，百代之下，难以情测"。也就是说，他身在乱朝，经常害怕自己遭遇祸患，因此写诗。可他在写诗时，虽然志在讥讽时代，但是仍不敢直吐心中之快，而这文中隐避的情感，百代之后，怕是人们也读不懂了。他在《咏怀》第一首诗中，便表达了隐晦曲折与忧生之嗟："夜中不能寐，起坐弹鸣琴。薄帷鉴明月，清风吹我襟。孤鸿号外野，翔鸟鸣北林。徘徊将何见，忧思独伤心。"

黑夜来临，正是阮籍卸官逃走之时，他怎能睡得着？他太有远见，深知司马氏集团或许将要胜利，万感交怀、无以倾吐的心声该如何发泄？弹一首曲子吧，琴最懂自己。

月光照着他，清风吹着他的衣襟，看似一幅美好的景象，但外面终究是黑茫茫一片。孤鸿在野外哀号，鸟儿在北林鸣叫，他看得到吗？

只有黑暗，他什么也做不了，只能对琴独自伤心。

阮籍创作诗文，在写作上多使用比兴、象征、寄托表达情怀。不臧否人物，不代表他不痛苦，尤其他心怀大志却难以实现，更是令他忧虑。

在文学上，竹林七贤中其他几位也有作品流传下来。如刘伶的《酒德颂》《北芒客舍》，向秀的《思旧赋》《难养生论》，山涛的《上疏告退》《表乞骸骨》等。

山涛小心谨慎，自然不会写下落人口实的文字；阮咸打破传统，已用行动证明了自己对政治的看法；向秀一句"以为巢许狷介之士，未达尧心，岂足多慕"，表达了自己的无奈；刘伶就不消说了，他似乎忘记了世间还有政治这回事，只管沉浸在酒里就好了。

竹林七贤中，阮咸和刘伶的行为都颇荒唐，但一一对比后才发现，他们俩好像活得最开心、尽兴。阮籍、山涛太有才华了，不得不委屈出仕。即使嵇康无才，因背着曹魏宗亲的身份,只要他不投入司马氏集团,就难逃杀身之祸。

许多年后,向秀写下了《思旧赋》,其情绪悲凄、沉重,欲说又无法说。他只能如阮籍、山涛一般,将这痛苦、沉思,咽到肚子里。

第四章　爬过一道坎，又过一座山

山空水尽处，放声大哭时

高平陵政变之前，朝堂上虽刮起一次又一次的大风，但始终未波及竹林七贤，他们尽管不得志，也还算过得自由自在。高平陵政变之后，曹魏政权名存实亡，权力已落入司马氏手中，竹林七贤落得连归隐的自由都失去了。

司马懿身为儒家豪族，诛杀曹爽一干人等，做得有失仁义，也有失道德。这不仅会让天下儒家豪族寒心，也会让天下有识之士寒心。为了挽回政治局面，司马懿一方面培养朝中势力，另一方面开始广揽天下人才。

与以往不同，之前司马懿只管招纳有才之士，这次招贤纳士司马懿更注重有影响力的名士，尤其那些隐居不愿出山的文人。为此，竹林七贤再次进入司马懿的视野。为了让自己的权力进一步扩大，司马懿对竹林七贤出手了。

在竹林七贤中，司马懿首先想到的人是阮籍。

阮籍的父亲阮瑀曾与司马懿一起在曹操手下出任官职，所以阮籍与曹氏关系很可能更为亲近。令人诧异的是，一年多以前，阮籍曾拒绝过曹爽的拉拢，这种做法不仅证明了阮籍的远见，还让他表明了自己的立场。假如司马懿能将阮籍招至麾下，那么天下有识之士，自然会衡量一下自己的立场。

曹操招纳司马懿时，说的是"若复盘桓，便收之"，而司马懿招纳阮籍时，也用征召的方式，做出了实际上的"威胁"。

阮籍拒绝曹爽，绝不是为了支持司马懿。与山涛的"投传而去"相比，阮籍更想远离政治，与好友过隐居的生活。

天地之间，分明有东南西北、上下等多个方向，人生选择无数，可偏偏阮籍的路走成了死路。他在《咏怀八十二首》中写道："杨朱泣歧路，墨子悲染丝。"杨朱在遇到一条歧路时，不禁想到了人生种种歧路，因行差踏错一步，人生也差之千里。想到这里，杨朱不禁感慨万分，在歧路口哭泣起来。墨子看见有人染蚕丝时，也悲伤难过。在墨子看来，生丝洁白无瑕，偏偏被人染上了颜色。

当阮籍也走到了人生的歧路，走向了绝路时，他又怎能不痛哭流涕？他只能"时率意独驾，不由径路，车迹所穷，辄恸哭而返"。他率性地驾着马车，不走正常的路。待路走到尽头时他便痛哭流涕，然后再返回家中。

孟子说："舍正路而不由，哀哉！"阮籍哪里走得了正路？明知是歧路，他也不得不踏上去。

嘉平元年（249年），阮籍来到太傅府，做了司马懿的从事中郎。从事中郎是三公府中的官职，职责是参议谋划，并非实质性的官职。司马懿果然是用人高手，他本来也无须这些名士做什么，只让他们充充门面就达到了目的。

阮籍虽入了司马懿的幕府，但不想做的事情仍不会去做。

他越是知道司马懿在做什么,越是想办法让自己清醒。他一面为了保全性命虚与委蛇,一面行为越发怪诞、放荡。他送嫂子回娘家,去隔壁少妇家喝酒,还去未出嫁的少女葬礼上痛哭。

有人说,这是阮籍在释放自己痛苦的情绪,但谁又能说他不是想通过怪诞的行为,让司马懿放过他呢?假如他真能变成"神经病",或如同刘伶那样,那么他也无须出仕了吧。

阮籍在幕府时,无须日日守在官署,还可以经常外出。他有时与老友相见,有时整日饮酒,有时游山玩水。有一次,阮籍来到了广武山。

他爬到山顶,望着广武涧百感交集。当年,这里曾是楚汉之争的古战场。刘邦是英武的开国皇帝,项羽是世上少有的大英雄。一想到他们二人,阮籍不由得说:"时无英雄,使竖子成名!"

竖子,是对人的藐视之称。当然,也有人认为"竖子"在这里指刘邦,但刘邦是起义头领,算得上是英雄豪杰,并非像司马氏那样巧取豪夺得来的江山。

阮籍鄙视竖子又如何,他自己又是怎样的人?

孔子曰:"匿怨而友其人,左丘明耻之,丘亦耻之。"意指,对一个不喜欢的人,藏起了对他的怨与恨而假装对他友好,左丘明以此为耻,我孔子也以此为耻。

竹林七贤都是追求道德的人,他们对自己有着严格的要求。他们骨子里并非真正反对儒家文化,而是向往儒道合一,在其认可的原则内追求心性上的自由。而阮籍种种"越礼教"的行为,不过是反对礼教将女性看得太低和反对司马氏的假仁义。

阮籍也有清高的性情，自然不愿与奸人同流合污。只是，他做了儒家耻事，为了活着而委曲求全。从侧面来说，阮籍的哭，也有讨厌自己的成分。他不是嵇康，宁死不受司马氏的招揽。阮籍如同那根洁白的蚕丝，无论本质怎样高洁，都是被"黑色"沾染了。

在那些惊心动魄的日子里，山涛归隐了相当长的时间。他虽然曾偶尔出任官职，但都是一些无足轻重的职位。

山涛与阮籍不同。山涛稳重老成，更知道如何把握自己与司马氏集团的关系。山涛有着入染缸，却想给染缸变个颜色的勇气。

面对司马氏的强迫，他想，既然不能逃避，那便在这染缸中加点颜料，最好把它染成自己喜欢的颜色。这就是山涛，是那个即使在不得志时也会说"将来我要做三公"的人；是司马昭暗中试酒，能坦然自若拒绝不饮的人；更是屡次辞官不被准许，仍能心平气和地做下去的人。

改变你能改变的，不能改变的就坦然接受。

如此而已。

情寄八荒之表

阮籍虽有一肚子委屈无以言表,但司马懿的日子也不好过。

高平陵之变后,内部的纷争立即引起了外敌的觊觎。嘉平元年秋,姜维(202—264年,字伯约,蜀汉名将)率军伐魏,幸好司马懿早有防备,才避免了姜维坐收渔翁之利。

除蜀汉外,淮南也是司马懿较为头疼的一个地方。司马懿之前虽外出征战,几乎战无不胜,但征东将军、假节都督扬州诸军事王凌也是曹魏元老,与外甥兖州刺史令狐愚并典重兵,以对抗淮南为主,司马懿也不能拿他们怎样。

为了拉拢他们,司马懿晋王凌为太尉、假节钺,希望能以高官厚禄打动王凌。王凌是曹魏元老,论资历、年龄都在司马懿之上。他在曹操时代,便任丞相掾属,与曹操关系十分亲近。在曹丕和曹叡时期,他先后担任多州刺史,已是一方诸侯。曹芳登基后,王凌位至三公,对曹魏的感情已是深入骨髓。为了反对司马懿,王凌和令狐愚打算秘密谋反,在许昌拥立曹操的儿子楚王曹彪为帝。

然而,他们的计划刚刚开展,令狐愚便在年末病死了。司马懿瞅准机会,借机任命黄华为兖州刺史,王凌的谋反之事只能暂时搁浅。

此时,王凌已是年近八十岁的老翁,他思来想去,假如他先一步走了,司马懿就再没了威胁,曹魏的天下就彻底成了司马氏家族的天下。为了把曹魏江山夺回来,他必须冒着诛九族的危险完成谋反之事。

王凌把谋反的计划告诉了黄华,希望得到他的帮助。黄华是司马懿亲手提拔的手下,很快把这件大事报告给了司马懿。

嘉平三年(251年)夏,得到王凌准备谋反消息的司马懿立即率军前来讨伐。

司马懿不顾年老多病的身体,亲自率军讨伐,这大大出乎了王凌的意料。仅此一点,就可以说王凌已不战而败。

司马懿是善于攻心的老手。为了不战而胜,他先赦免了王凌的罪,并好言抚慰,王凌才乘着小船前来迎接司马懿,以示诚意。王凌虽与司马懿共事多年,这时却忘记了司马懿从来都不是守信之人。

他在诛杀曹爽之前,也曾指河发誓,可结果怎样?曹爽的结果,就是王凌的结果。

王凌被司马懿派兵送还京都时,才明白自己上了当,他知道自己难逃一死。万念俱灰的王凌,在走到项县时,饮鸩而亡了。

王凌一死,司马懿立即将参与王凌计划的全部人员处死,并"夷三族"。楚王曹彪也被赐死。不仅如此,王凌、令狐愚还被挖开坟墓,暴尸三日。

司马懿要让天下人看一看,那些反对他的人的下场。他必须杀鸡儆猴,让众人看到他的残忍,为司马氏家族立威。

司马懿在去世前，扫平了最有威胁的对手，他什么都不怕了吗？

不，他依旧恐惧。他知道，他的残忍必然会引起朝廷的不满，引起曹魏宗亲和王公大臣的联手反抗。一个王凌或许不难对付，但整个曹魏宗室和王公大臣不得不让他心有顾虑。为了防止日后再有人密谋，司马懿干脆把曹魏宗室和王公大臣全部软禁起来，并派人监视他们，以防止他们串通、往来。

曹魏宗室和王公大臣都没了自由，阮籍的自由又剩多少？

司马懿一次又一次屠杀，让阮籍只觉得"言在耳目之内，情寄八荒之表"。一个人活在黑暗政治的天空之下，既不能死，又不能好好地活，其焦虑与恐惧，只能寄托于诗了。

嘉树下成蹊，东园桃与李。
秋风吹飞藿，零落从此始。
繁华有憔悴，堂上生荆杞。
驱马舍之去，去上西山趾。
一身不自保，何况恋妻子。
凝霜被野草，岁暮亦云已。

——《咏怀·其三》

"桃李不言，下自成蹊"，意指桃李虽不言自己的美丽，但总有人会欣赏它的美、采摘它的果实，这样树下也自会被人们走出一条路来。奈何，秋风一来，桃李凋零，最后只剩下光秃秃的树枝了。

有才如何，无才又如何，谁也逃不脱盛极必衰的道理。阮籍虽不臧否人物，却借着桃李的盛衰感叹司马氏的结局。等司马氏败落时，他们的路上必长满荆棘、枸杞等恶木，此心也必会感受到人间的苍凉。

阮籍本就是不慕名利繁华之人。他只希望赶紧驱马离开，去西山隐居。

西山，是古人伯夷、叔齐的隐居之地。他们因反对周武王伐纣，隐居到了西山，采薇而食，不吃周朝米粮。阮籍也渴望自己有伯夷、叔齐之地。

> 一日复一夕，一夕复一朝。
> 颜色改平常，精神自损消。
> 胸中怀汤火，变化故相招。
> 万事无穷极，知谋苦不饶。
> 但恐须臾间，魂气随风飘。
> 终身履薄冰，谁知我心焦！
>
> ——《咏怀·其三十三》

一日又一日，一夕又一夕，在朝夕之间，阮籍渐渐老去了。受司马氏家族的压迫，他不知道如何才能解脱，真是忧心如焚、苦不堪言。他活得如履薄冰，无人知晓他的心里有多么焦急。

他焦急的是什么呢？是年岁渐长，怕自己抱负难施、有志难平？抑或是自己到底什么时候才能回归竹林，重新过上洒脱不羁的生活？无论是哪一个，他都有着自己迫切想做的事情、想达成的心愿，以便能够在自己生命结束前，给自己一个交代。

一手遮天的世道,从无雨过天晴

在司马懿的阴影之下,阮籍是绝望的,他看到的只有一双沾满了鲜血的手和一颗被欲望撑满的心。然而,王凌在谋反前,看见的却是希望。嘉平二年(250年),天象异动,王凌断定司马懿大势已去,所以策划了一场谋反。

不过,当时的人们却以为,此次天象异动实乃孙权即将去世之应,而非司马氏要走向衰落之兆。王凌谋反拥立曹彪,并非支持曹芳,使后人认为他包藏祸心,欲成为另一个司马懿。在《晋书·乐下》中,有"黄华应福始,王凌为祸先"之歌词,其"功业"被载入了史书和庙堂,王凌的谋逆之名是无论如何也洗脱不掉了。但也有人认为这样的评价于王凌而言并不公平,因为他一心忠于曹魏,拥立的是曹操的儿子。

有了曹彪的谋反,司马懿才有了处置其他曹魏宗亲的借口。他以防止其他曹魏宗亲谋反为名,将他们软禁监视了起来。

只是,司马懿亲自率军平定王凌谋反也是付出了代价的。嘉平三年(251年)六月,司马懿"梦贾逵、王凌为祟"(《晋书·宣帝纪》),八月,在洛阳去世,终年七十三岁。

司马懿的去世使阮籍似乎看到了希望。他再不用过仰人鼻息的生活了。只是，走了一个司马懿，却来了一个更狠的司马师。阮籍只能"及帝崩，复为景帝大司马从事中郎"（《晋书·阮籍传》）。

司马懿死后，司马师接收了司马懿生前所有的权力。司马懿生前虽未清洗所有的反对者，但因其政治声望和数十年的人脉积累，纵使控制了曹魏政权，也仍有"托孤辅帝"的名头。

司马师直接继承司马懿的位子无合理性，因为大臣的权力大多来自君主的授予。司马师此举是在向君主的权力发起挑战。这意味着司马师不仅得不到众人的支持，还会引起大臣的强烈反对。

为了整顿吏治、招揽人才，司马师对名士不再"以礼相待"。

有一位叫李喜的名士，当年受司马懿征召时，以生病为由拒绝了。司马师担任大将军后，下令召李喜做从事中郎，李喜很快就赴任了。

司马师问："李喜，为何父亲召你做官你拒绝了，我召你做官便来了？"

李喜不怕得罪司马师，直接说："道理很简单。令尊召我，是以礼相待，我才好以礼进退；明公召我，是以法见绳，我因怕被法办，只好前来为官。"

可见，司马师比司马懿的狠更胜一筹。

司马师手中有了大批人才后，为了建立威望、功绩，需要通过事功巩固自己的权力和地位。嘉平四年（252年）十一月，

第四章 爬过一道坎，又过一座山

司马师命司马昭出往伐吴，却被吴将诸葛恪大败于东关。战败后，司马师说："我不听公休（诸葛诞），以至于此，此我过也！诸将何罪？"（《三国志·三少帝纪》）他并未处罚诸将，只是剥夺了司马昭的爵位，以示惩戒。尽管司马师将东关大败的事揽给了自己，好安抚诸将，但是朝廷中有人认为应该追究战败的责任。

司马师出师不利，进一步削弱了自己在朝中的威望与势力，但他并未就此放弃，于嘉平五年（253年）令陈泰讨胡，无奈这次征伐也以失败告终。

两次失利的讨伐，不仅引起了朝中大臣的不满，还刺激了外敌的野心。当时，诸葛恪认为，"正是贼衰少未盛之时。加司马懿先诛王凌，续自陨毙，其子幼弱，而专彼大任，虽有智计之士，未得施用。当今伐之，是其厄会"（《三国志·诸葛恪传》）。

嘉平五年，吴、蜀两国共同伐魏，司马师陷入了自当政以来最大的政治困境。有了前两次的失败，司马师在这次抗敌中不再固执己见，他接受了傅嘏、虞松的意见，并派叔父司马孚率军二十万迎敌，击退了敌军。

曹魏大胜，司马师为自己赢得了一个有利的局势。此时，外部环境已相对稳定，吴、蜀两国已无法对曹魏构成威胁。

为了继续获得政治威望，司马师不再改革旧制，也不再排斥曹魏宗亲。相反，他开始维护曹魏宗亲，与郭太后建立联系。他期望借助郭太后的权威巩固自己在朝中的势力。不仅如此，他还继续招揽天下名士，期望借此稳固自己的政治力量。

司马师青年时与曹魏重臣之子多有往来，这些曹魏重臣之子也是他重点招揽的对象。嘉平四年（252年）时，司马师在网罗天下名士时，山涛成了竹林七贤中另一位被招揽的对象。《晋书·山涛传》载："（涛）与宣穆后有中表亲，是以见景帝。"

宣穆皇后，是司马懿的夫人张春华。山涛与司马氏有着非同一般的连襟关系，司马师想到他也不足为奇。不过，也有人说，此时山涛是主动出山的，算是愿者上钩。事实上，假如山涛想要站队司马师，在司马懿时期就不会"投传而去"。他是分明知道司马氏的野心，也预料到了高平陵之变，才弃官逃走的。

如今他再次出山，并非因为局势已清晰明朗，而是司马师亟须用人之际，无论山涛如何逃隐，他终究要被司马师"搜"出来。既然早晚都要投靠司马氏集团，不如主动出山，以示诚意，让自己占据优势。

山涛见到司马师时，司马师说："吕望欲仕邪？"

吕望，便是大名鼎鼎的姜子牙。司马师把山涛比作姜子牙，可见他对山涛的欣赏与重视。姜子牙近八十岁时还在渭水垂钓，后来得到周文王的重用振兴了西周，又帮助周武王打下江山，建立了周王朝。

山涛也能像姜子牙一般，振兴司马氏，帮助司马师打下万里江山吗？

显然，纵使山涛有姜子牙之智，也不会将一个为了政治欲望，大肆屠杀、监禁曹魏宗亲和大臣的家族的人送上九五之位。

他只是冷静地选择了自保,并尽自己所能做事而已。

山涛出山后,很快被任命为秀才,做了郎中。

连最沉稳、最有远见的大哥山涛都被收到了司马氏门下,阮籍只能更心焦了。

这样的日子什么时候才能到头?

一切不得而知,他们只能过一天、算一天,等待乌云散去、雨过天晴的日子。

人生是短暂的,等待却是漫长的。

愈演愈烈的官场

俗话说，哪里有压迫，哪里就有反抗。

司马师的一系列行动，让曹魏宗亲中的某些人看不下去了。于是，继王凌之后，又一拨人决定发动宫廷政变。

此次决心发难的人是夏侯玄。夏侯玄（209—254年，字泰初，曹魏玄学家、文学家，大将军夏侯尚之子）的母亲是曹爽的姑姑，他与曹爽的关系自然非同一般。当时，曹爽一干人等败落，他整日心惊胆战地过日子。好在，曹爽的事并未波及他，司马懿只是夺去了他的兵权，有相当长一段时间他都活得很低调，生怕司马懿注意到他。

夏侯玄长得一表人才，也是一位名士。当年，司马懿很是欣赏夏侯玄，两人也曾讨论过治国方略。司马懿一去世，人们便以为夏侯玄终于无须再畏首畏尾了。不过，在夏侯玄看来，司马懿懂他、欣赏他，放过了他，但只怕司马师和司马昭容不下他。司马懿去世后，夏侯玄越发不甘心，加上身边的人不断怂恿，于是他生起了发动政变的念头。

正元元年（254年）正月，中书令李丰、后父光禄大夫张缉准备发动政变，拥立夏侯玄辅政。这件事他们刚刚密谋不久，就被司马师的手下得知,于是司马师派舍人王羡请李丰去府中相见。

司马师数落李丰的罪状,李丰知道大祸临头,口出恶言。司马师盛怒之下,派人将其杀死。此后,夏侯玄、张缉、苏铄、乐敦、刘宝贤等人全部被捕,并"夷三族"。

处理完夏侯玄,司马师接下来要处理的人便是皇帝曹芳。

夏侯玄决定发动政变时,曹芳也参与了密谋。司马师得知后,气得假托太后诏令,以大逆不道、淫乱后宫、败坏人伦、不理朝政为名,废掉了皇帝曹芳。

曹芳被贬为齐王,遣回原来的封地齐国。

接着,司马师开始了"挟天子以令诸侯"。为此,他向郭太后提议,立曹操的儿子、彭城王曹据为帝。郭太后拒绝了这个提议,理由是曹据是先帝曹叡的叔父,不该让叔父继承侄子的皇位。

司马师无奈,只好答应郭太后提出的人选,立东海定王曹霖的儿子、高贵乡公曹髦为帝。

黜后、废帝、杀夏侯玄,在司马师看来,是立威的方法,但是彰显了他的独断专行。这次清洗,司马师在朝中的异己势力又少了一个,对曹魏的控制可谓更加稳固了。

只是司马师废帝的举动,引起了亲曹势力的不满,不过曹魏政权已被司马氏杀得没了威风,也不再有希望能夺回大权。但与司马氏有着相当势力的淮南之地,却仍有兵变的机会。

王凌虽然已被诛杀,但镇守淮南之地的人是镇南大将军毌丘俭和扬州刺史文钦。毌丘俭效忠曹魏政权,感念魏明帝对他的厚恩。为了曹魏天下，他在准备尚不充足之际兵变了。

正元二年（255年）正月，毌丘俭率领六万大军向中原进发，讨伐司马氏。司马师听闻兵变消息，不禁心头一惊。此时，他目有瘤疾，不宜亲自带兵打仗，可派太尉司马孚前往。不过，傅嘏、王肃等劝他亲自东征，司马师只好勉强上阵。

最终，毌丘俭兵败被杀，文钦败走吴国。毌丘俭的忠诚和英勇的精神多被后人称赞。萧常说他："（王）凌、（毌丘）俭、（文）钦、（诸葛）诞数子，不附司马氏而甘于一死，可谓忠于所事者。"清人姜宸英也赞他，说："魏之忠臣，惟毌丘仲恭一人而已。"

诛杀王凌后，司马懿不久便去世了。司马师在诛杀毌丘俭等人后，也因目疾转危而去世了。

一时间淮南成了一个"不祥"之地，谁出征，谁胜，谁死。

据说，毌丘俭、文钦和司马师交兵时，文钦年仅十八岁的儿子文鸯带着小部队偷袭了司马师的军营。司马师因受惊吓过度方寸大乱，他竟"惊而目出"。

无奈，文鸯偷袭失败，否则也不会有后来对毌丘俭和文钦家族的大屠杀。

在这次叛乱中，据说嵇康行动了。史载："毌丘俭反，康有力，且欲起兵应之。"（《三国志·王粲传》裴松之注引·《世语》）

嵇康听说毌丘俭要反，便打算起兵协助他。

许多人认为，嵇康区区名士，在朝中既无势力也无实际权力,为何可以起兵响应?嵇康虽无兵力,但不代表他无法劝说那些想要兵变的人。他"尚奇任侠",认识许多英雄好汉,他是曹家女婿,也可与曹魏宗亲联手。毕竟,司马师攻打毌丘俭时,兵力集中到了前方,假如他从后方进攻,也未必不能成功。

嵇康也不知道这样冒险是否可行,于是只好问山涛,"以问山涛,涛曰:'不可。'俭亦已败"。(《世语》)

山涛认为,毌丘俭会失败。事实证明,山涛果然是有远见的名士。

司马师意外身故后,西晋开国皇权落入了司马昭手中。这仓促的交接是十分混乱的。在《三国志·傅嘏传》中,裴松之注写下了这样一条线索:"《世语》曰:景王疾甚,以朝政授傅嘏,嘏不敢受。及薨,嘏秘不发丧,以景王命召文王于许昌,领公军焉。孙盛评曰:晋宣、景、文王之相魏也,权重相承,王业基矣。岂蕞尔傅嘏所宜间厕?《世语》所云,斯不然矣。"

谁也未能想到司马师会突然薨逝,毕竟他才四十八岁。他死后傅嘏秘不发丧,以司马师之命把司马昭召到了许昌,想将司马师的兵权转移到其手中。但曹魏集团也认为,兵权终于要回到自己手中了。所以,此时,司马氏内部出现混乱的局面也是必然的。

为了应对危机,司马昭匆忙接手司马师的大权,也是情非得已。

司马氏内部越是混乱,对于曹魏宗亲、大臣、将军便越是有利。假如，他们趁此混乱之时发起政变，夺回司马昭手中的大权，也不是没有可能。

兵变，在司马氏主政时期，如同韭菜，割了一茬又一茬，不知何时才是个头。

司马懿在世时，他的敌人是豺狼虎豹；而司马师、司马昭如今面对的，却是如同植物般脆弱的人。

在后人看来，这些"植物"太"自不量力"，可是对于这些"植物"而言，却是宁死也不能放弃机会。

没有欲望，就没有战场和杀场。同样，没有希望，也没有一次次的政变。

欲望带来的是压迫，压迫带来的也必定是一批又一批的敢死战士。

淮南第三叛

自王凌始,淮南之地已有两次叛乱。第一次叛乱,司马懿轻松制胜;第二次叛乱,司马师轻松胜利;到第三次叛乱,轮到了司马昭出马。

毌丘俭和文钦淮南兵变失败后,淮南之地仍是司马氏心中难以拔除的刺。如今,坐镇淮南之地的人是诸葛诞。诸葛诞与诸葛亮、诸葛瑾为诸葛三兄弟。他们兄弟三人各事一国,诸葛亮事蜀,兄诸葛瑾事吴,弟诸葛诞事魏。

诸葛诞原与毌丘俭关系十分要好,毌丘俭起兵时,曾试图说服镇南将军、都督豫州刺史诸葛诞共同起兵。只是诸葛诞与文钦关系不好,他为了证明自己的忠诚,在那场兵变中攻打淮南的先锋力量。

如今,淮南的叛军已除,但在司马昭心中,淮南始终是危险之地。

诸葛诞虽带兵平叛,但与夏侯玄、毌丘俭等人来往密切,这让司马昭不得不怀疑他的政治立场。为了试探诸葛诞,司马昭派亲信贾充去见他,劝他支持魏晋嬗代,诸葛诞拒绝了司马昭的拉拢。

为了绝后患，司马昭征诸葛诞为司空，诸葛诞这才叛变了。

王凌、毌丘俭的叛变，都是以进攻的形式进行，而诸葛诞却是"敛淮南及淮北郡县屯田口十余万官兵，扬州新附胜兵者四五万人，聚谷足一年食，闭城自守"（《三国志·诸葛诞传》）。不仅如此，他还把儿子送到吴国作为人质，期望得到吴国兵力上的支持。也就是说，他的叛变只是为了自保，并非对司马昭展开攻击。

甘露二年（257年）五月，诸葛诞与司马昭有了正面冲突。因王凌、毌丘俭叛变的失败，诸葛诞如今的势力与司马昭并不对等。即使如此，司马昭也因为司马懿和司马师两次出使淮南都凯旋，归而即亡产生了巨大的心理阴影。为此，他借御驾亲征、鼓舞士气之名，让皇帝曹髦和太后赶往前线。

这一战，就是好几个月。诸葛诞粮食贮备具足，且又懂得防守，所以与前两次司马懿和司马师攻击淮南很快解决战斗大有不同。正在双方相持不下之时，叛军发生内讧，诸葛诞诛杀了文钦。文钦的儿子文鸯决定为父报仇，因攻城未果，转而投靠了司马昭。

甘露三年（258年）二月，诸葛诞战败，被杀，"夷三族"。

淮南地区终于被收服了。三次兵变，使得曹魏天下的人财空了大半，这个国家开始走向衰亡。

当局者迷，人很难在当下站在宏观的视角看待国家的命运。于当政者而言，权力才是自己至高无上的武器，至于未来如何，他们虽曾想过，但更紧要的是顾好眼下。

这一个个"眼下"，让他们的眼睛很难看到未来。

无论谁把持朝政，只要天下暂时太平，首先要做的便是广揽人才。所以，司马昭解决淮南政变后，做的第一件事也是招揽天下名士。

此时，山涛已从尚书吏部郎升为司马昭的从事中郎。在山涛就任尚书吏部郎的几年里，史书上并没有详细记载他经历了什么。因此，我们也无从得知。

与山涛一样提升官职的还有阮籍。正元元年（254年），高贵乡公曹髦即位。阮籍因声名远播、才华高，被曹髦封为关内侯，徙散骑常侍。

天下大势，已越发明朗。整日混在皇帝曹髦身边，让阮籍越来越心焦。与皇帝太过亲近，势必会引起司马昭的怀疑。与皇帝过于保持距离，又难免得罪看上去并无实权的皇帝。曹髦虽无实权，但想要处置阮籍还是轻而易举的。

为了让他们双方都不怀疑自己，阮籍只好"酣饮为常"。假如说错了话、做错了事，不过是因为他醉了。当然，假如能潇洒一些，有风骨一些，越礼教而自然一些，也没人太把他的言行当真了。

酒不醉人人自醉，偏偏最怕的是你真的醉了。

有了山涛和阮籍后，司马昭还注意到了嵇康。

嘉平年间，嵇康一直住在洛阳，修身养性，与向秀一起锻铁。那时，朝廷虽被司马氏一再清洗，但都没有影响到嵇康、向秀和吕安的生活。

嵇康和向秀两个读书人，于宅前柳下架炉打铁，嵇康掌钳，向秀鼓风，自得其乐。偶尔吕安前来拜访，与他们清谈，或浇灌菜园子，日子可谓惬意而美好。

司马昭听说嵇康的大名后，一声令下召嵇康出仕，嵇康、向秀和吕安的平静生活一下子被打破了。据《魏氏春秋》所载："大将军尝欲辟康。康既有绝世之言，又从子不善①，避之河东，或云避世。"意思是，嵇康从兄弟家的儿子"不善"，所以司马昭欲征召他时，他搬到山西的河东郡处暂时躲避了起来。

嵇康这一避，便是三年。

避，是为了摆脱司马氏的征召，并非真正的"从子不善"。而且，无人知道他的从子，到底是如何不善的。

事实上，假如可以，嵇康更愿意逃避一辈子。三年，正是说明他最终又回来了，同时成了司马氏家族必须招纳的人。

嵇康曾有谋反之意，如今就算回来，也必不会成为司马氏集团的人。他不像山涛和阮籍，可以曲中求直，他只想保持自己的率性。

所以，这也注定了嵇康被处死的结局。

竹林七贤中，王戎因钟会的推荐，被任命为吏部郎。钟会说："裴楷清明通达，王戎简要省约，两位都可作吏部郎的人选。"

因为钟会的推荐，王戎出了仕。

---

① 从子，多指从祖父兄弟或从兄弟的儿子。唐代，从子有时也指侄子。

阮咸也曾出仕，任散骑侍郎。后来，晋武帝时期，山涛推举阮咸主持选举，认为他处在任人的职位最适合。只是司马炎并不喜欢阮咸，认为他好酒虚浮，于是不用。

山涛见识过人，无人不钦佩，他理应懂朋友的心思。他们大多不愿出仕，而是宁肯隐居一生。只是，山涛太了解司马氏集团，知道假如他们不被征召，其后果必然不堪设想。与其如此，不如让朋友们出仕，至少可保一时太平，或给"豺狼虎豹"提些有建设性的意见。

山涛了解朋友的为人，让他们出来做官，总比让钟会般奸佞之臣当道要好得多。

第五章　道要自然地走

以醉酒，拒亲事

酒，是刘伶拒官、逍遥的必备之物。事实上，对于阮籍来说，酒还是救命的武器。在历史上，阮籍一生最知名的事迹便是以酒避祸。

在司马氏家族中，司马懿可谓最老谋深算，与两个儿子相比，也算最为"仁义"。因为司马师与司马昭，一个比一个嗜血好杀，喜欢"以法绳之"。

然而，在司马师和司马昭两兄弟中，司马昭的才能又远不如司马师。据说，高平陵之变时，只有司马师参与了密谋，而司马昭则毫不知情。直到发动政变前夜，司马昭才得知将要政变的消息。

司马懿为了查验两个儿子的心理素质，这天夜里特意派人观察他们的表现。司马师镇定自若，像平时那样安然入睡，在第二天集合、指挥军队时也表现得有条不紊；而司马昭却辗转反侧，整夜难以入睡。司马懿见状，不禁感叹司马师不简单，于是从那一刻起，司马师成了司马氏的接班人。

司马师一直参与密谋，心理上早已有所准备，与司马昭偶然知道的情况完全不同。司马昭猛然一惊，甚至难以入睡，都是情有可原。可差就差在，司马师还是长子，司马懿对他的提携更多。司马昭少了许多历练的机会，为此成长的机会也更少，表现自然就不那么优秀了。但是，少了司马师的对比，司马昭的政治手腕也一样厉害。

司马昭当政时期，他提携了贾充、钟会等人，在魏晋更替之际，他们都发挥了巨大的作用。钟会自归入司马氏后，也做着司马氏眼线的工作。高贵乡公曹髦继位后，钟会经常跟在皇帝身边，慢慢地看出了阮籍的才气。

有一次，司马昭想借联姻的手段拢住阮籍的心，便到阮籍家中提亲，提的是阮籍的女儿与司马炎的亲。司马昭虽子女众多，但其子司马炎可谓他的接班人。只要阮籍点头答应，他的女儿就算是攀到了高枝。

阮籍虽心有大志，却不喜欢攀龙附凤，更不希望在历史上留下骂名。但是，假如他拒绝这门亲事，显然就会得罪司马昭。为此，他天天醉酒，每次有人前来提亲，他都正喝得烂醉如泥，让提亲的人说不出话来。

曹操等司马懿"病好"，等了好几年。司马昭等阮籍清醒，等了整整六十日。六十日后，司马昭不想等了，这件事也便不了了之。

对于曹操来说，六年等到一个人才，是值得的。对于司马昭来说，他唯一想确定的是阮籍是否忠于曹魏而已，六十日足够了。

表面看来，阮籍醉酒是婉拒亲事，可司马昭也不傻，他知道阮籍拒绝的是自己。阮籍的拒绝让司马昭心里七上八下的，不知道对方是敌是友。

为了验证阮籍是否忠于司马氏,司马昭派了钟会试探他。钟会并非良善之人,见阮籍醉酒不肯理自己,自己也搭不上话,就想趁他醉酒说胡话之际,找出些话柄给阮籍治罪。奈何,阮籍即使胡言乱语,也未口出大逆不道之言,使得钟会拿阮籍一点办法也没有,每次都是无功而返。

俗话说,躲得过初一,躲不了十五,这样长久地醉下去始终不是办法。更何况,钟会这样的小人很懂得拍马屁,深得司马昭的喜爱,这种情况于阮籍更加不利。

有一次,钟会的哥哥钟毓私下告诫司马昭说:"我弟才智过人,喜好玩弄权术,恐野心不小,不可不防。"司马昭听完,哈哈大笑,说:"若果真如此,那我只治钟会之罪,不累及你钟氏一门。"

这样深得司马昭喜爱的钟会,阮籍不能不防。阮籍万一真把钟会气急了,纵使自己无罪,他巧舌如簧地给自己安上罪名也不是没有可能。阮籍思来想去,只好向司马昭提出到东平担任地方官的请求。

阮籍曾到东平游览过,对那里的风土人情很是喜欢。假如他能到那个地方担任官职,那么对于双方来讲算是皆大欢喜。

司马昭一听,很是高兴。因为阮籍离开了皇帝,就等于他不再支持曹魏政权。虽然阮籍不能为司马氏所用,但不为曹魏所用就不会对司马氏构成威胁。

得到司马昭的诏令后,阮籍骑了一头毛驴上任了。在这里,阮籍做了一件了不起的事。据《晋书·阮籍传》所载:

"坏府舍屏鄣,使内外相望,法令清简,旬日而还。"

初到东平,阮籍做的第一件事便是将官府衙门的墙壁和屏障统统推倒,使内外能互相看见。打通了这层屏障后,官府每个人都暴露在大众视野之下,少了互相私通,提升了办事效率。

阮籍在执法断案上,去除了繁文缛节,只求清通简要,尽快解决百姓的问题。只是,十天之后,阮籍又回去了。后人李白读到阮籍这段故事,写下了《赠闾丘宿松》一诗,其中有:"阮籍为太守,乘驴上东平。剖竹十日间,一朝风化清。"

阮籍打道回府的原因,历史上并未记载。他一向随性,无心仕途,与回到司马昭身边相比,他理应更喜欢在东平逍遥自在。所以,阮籍再次回到洛阳,很可能是司马昭又召他回去了。

回到洛阳后,阮籍被任命为大将军从事中郎,他再次回到了起点。

在阮籍的人生哲学中,他和嵇康一样,都认为让人积极的生活是要放任自己,即在放松的状态下,听自己内心的想法,再做事。这样可以不为是非情欲所累,不受环境束缚。阮籍认为,自己可以"应变顺和",在司马昭手里活得不累。

事实上,在后人看来,魏晋南北朝文学理论多是"得意忘言"之作,言非意之本身,故不能以言为真。人们更应该了解他们的"弦外之音""言外之意"。阮籍在《咏怀诗》中说:

一日复一朝,一昏复一晨。

容色改平常,精神自飘沦。
临觞多哀楚,思我故时人。
对酒不能言,凄怆怀酸辛。
愿耕东皋阳,谁与守其真?
愁苦在一时,高行伤微身。
曲直何所为?龙蛇为我邻。

一日又一日,一个黄昏过去又是一个白天。阮籍的面相越来越平和,但他的精神状态越来越飘零。阮籍又回到了"龙蛇"身边,对酒不能言,心头只觉凄怆酸楚。他十分怀念故人,怀念与好友交游竹林时的日子。只是,那些日子终究是一去不复返了。

人真的能不累心、不累形,不被尘世拖累吗?

若真如此,又何必黯然惆怅。

好在,还有刘伶陪着阮籍。

阮籍听说步兵军营厨房的厨师善于酿酒,且存了三百斛,便向司马昭提出外调的请求,去大饱口欲。司马昭依旧允许了。

阮籍的放诞,只能说明他是一个"无用"之人,对于这样的人司马昭又何须刻意经营?于是,阮籍又当上了步兵校尉,成了"阮步兵"。

捡了便宜的阮籍,常常与刘伶醉酒于步兵营的厨房中,喝得不省人事。只是后来,阮籍觉得无趣,又回到了司马昭的府中。

阮籍不仅以酒拒亲事，还以酒拒仕途。只要他常常醉酒，看上去"无用"，难当大任，就不会成为别人的眼中钉。

挡人仕途，遭人陷害。一个人太过有用，必然要面对更多的无奈。

酒，是阮籍唯一的慰藉，也是他最后的自由。

在酒里，他放诞不羁，也终于做到了不累于形、不困于心、不念于世。

常务道德，不求当世名

当司马昭的野心"路人皆知"时，曹髦的野心，也自始至终存在。别看曹髦登基时还不到十四岁，他绝非曹芳一般的傀儡皇帝。

他是郭太后亲自挑选的皇帝，也是司马师极力反对、不想让他上位的皇帝。

那年，曹髦从山东郯县被迎回京，君臣上奏，请他住在前殿。那时，曹髦尚未继位，所以他说，这是先帝旧居，人臣不可越礼居住，于是住到了西厢房。

待曹髦抵达京师，群臣便在西掖门南面跪拜迎驾。曹髦见状，立即下车答拜还礼，说自己也是人臣，不该不回礼。

曹髦的车停在了止车门。随从说，按照礼节，皇帝可乘车从此门入。曹髦仍谦卑有礼地说，他也不知道被太后所召有何要事，所以他的车还是不要经过此门。

曹髦的种种表现，都让司马师深感忧虑。没多久，淮南发生了毌丘俭、文钦叛变，曹髦的聪明才智在这次兵变中也有所表现。后来，司马师重病，司马昭立即赶往淮南，眼下司马氏两兄弟都不在京城，曹髦认为这是一个千载难逢的夺权好机会。于是，他召尚书傅嘏"率六军还京师"。只是，司马昭看出了曹髦的野心，并没有听从曹髦的命令，而是亲自率军回到了洛阳。曹髦无奈，只好封司马昭为大将军。

此后，司马昭独揽大权，曹髦想要夺回权势，已是越发困难了。

在治国上，曹髦多行仁政，推崇少康。他认为，古来帝王中的佼佼者有商汤、周武王乃至本朝太祖等，自己与他们相差太远，所以得做出实绩。

姒少康（生卒年不详，姒相之子，夏朝君主）自幼聪慧，初懂人事时，母亲告诉他失国的惨痛经过，嘱咐他日后要报仇雪耻，复兴夏后氏。此后，少康立志要夺回天下，只要碰到机会，便学习带兵作战的本领。少康的身份从失国之主的后人，降为诸侯的奴隶，他跋涉逃难，起初只是为了保全自己，后来他布施重德，大用谋略，终于恢复了夏王朝的统治。曹髦认为，仅依仗一时的权术，终究是违背了圣人的法度。

少康不仅有祖上的恩泽以及自己积累的仁德，更有许多人的帮助。而汉高祖从布衣百姓兴起，凭借武力成就了帝王功业，若以德行评定，汉高祖要略逊于少康一等。

曹髦仰慕少康，除了崇尚他的功德、功绩外，还欣赏他的大志。另外，他也期望朝中有人能挺身而出，助他完成恢复曹魏王朝的大业。

在读《尚书》时，曹髦提到了"周公、管、蔡之事"，问庾峻（字山甫，魏晋学者、散文家）对此事如何看。

曹髦崇尚少康，本就借古表示自己的宏图大志，如今又提到了管、蔡之事，庾峻自然不敢随便发表意见。曹髦很生气，认为他不配当太学博士。庾峻也只好自认才疏学浅，没办法深入地探讨这个问题。

周公、管叔和蔡叔，都是周文王的儿子，也都是周武王的弟弟。周武王灭商朝后，管叔和蔡叔各领了封地。周武王去世后，他的儿子继位，即周成王，管叔和蔡叔便成了"皇叔"。周成王继位时，年仅十三岁，并无治理国家的能力。周公也是"皇叔"，便担任起了摄政的重任，史称"周公"。

周公摄政，管叔和蔡叔不服，散布谣言诋毁周公，说"公将不利于孺子"，然后联络商纣王的儿子武庚和东夷部族发动叛乱。为了平定叛乱，周公与兄弟苦战三年，最后终于杀掉了武庚和管叔，同时将蔡叔流放了。

曹髦暗指自己是可怜的皇帝，司马氏为"周公"。管、蔡在历史上虽属乱臣贼子，但只有皇帝自己知道，他多渴望有人能救自己于水火。如果说司马昭的野心已"路人皆知"，那么曹髦的野心则是在向司马昭发起挑战。

他的种种表现、层层铺垫，都是想向天下宣告，我曹髦是立了大志的，是有德行的，将来是要摆脱司马氏影响的。

当曹髦的心思也"路人皆知"时，嵇康的心思也渐渐显露了出来。庾峻没有回答曹髦的问题，嵇康用一篇《管蔡论》替庾峻做了回答：

夫管、蔡皆服教殉义，忠诚自然，是以文王列而显之，发、旦二圣举而任之，非以情亲而相私也。乃所以崇

>德礼贤，济殷弊民，绥辅武庚，以兴顽俗，功业有绩，故旷世不废，名冠当时，列为藩臣。逮至武卒，嗣诵幼冲，周公践政，率朝诸侯；思光前载，以隆王业。而管、蔡服教，不达圣权，卒遇大变，不能自通。忠疑乃心，思在王室。遂乃抗言率众，欲除国患。翼存天子，甘心毁旦。斯乃愚诚愤发，所以徼福也。

嵇康对管、蔡之事，说得很明白，同时讲出了曹髦的无奈。在嵇康看来，管叔和蔡叔原来也是崇德礼贤之人，否则文王、武王和周公不是眼光有问题吗？圣人之所以是圣人，是因为能察看到人性的本质，不会轻易被蒙蔽。所以，后世认为管、蔡谋反是不正确的。管、蔡居住在偏远的领地中，见周公摄政，以为周公心怀叵测，有意篡权，为了保护王室，所以才兴兵讨伐周公。事实上，管、蔡是为了保护王室，讨伐的仅是周公，但最终成了历史的罪人。

所以，无论周公大义灭亲，还是管、蔡二人起兵讨伐周公，都是对周王室的赤诚忠心，并非乱臣贼子、奸臣佞臣。

就在曹髦对管、蔡表示同情之时，发生了毌丘俭和文钦叛变之事，结果与历史很相似，曹髦的"管蔡之臣"一个被诛杀，另一个偷偷地逃走了。

虽然后世认为，嵇康这篇文章并非写于曹髦阅读《尚书》之时，但是他的这番言论肯定会引起司马昭的不满。

曹髦虽心怀大志，但城府不深，他到底是个孩子。在以老谋深算起家的司马昭面前，曹髦那点儿心思、嵇康那点儿言论，事实上都在帮助他促成大业。因为一个人越是公然发起挑战，越是好对付，怕的就是司马懿这般老谋深算、在背后捅刀子的人。

可也正因为曹髦正直、嵇康坦白，他们才成了被历史和后人尊敬的人。

曹髦反司马昭时说，死有什么好怕的，更何况也不一定死。他不怕死，嵇康也不怕死，他们并未想过要留下什么，只求忠于自己、忠于国家。

新一轮的曹马之争开始了。上次，是曹爽和司马懿的权力之争，他们势均力敌，比拼的是智力。这次，是曹髦和司马昭的"帝位"之争，他们一个弱小、一个强大，几乎毫无可比性。

可是曹髦依旧要比拼，这是身为一个皇帝的尊严。曹髦一直记得少康的大志，却不清楚少康为了复国承受的种种磨难与隐忍。

忍，并非不正直、不道德，也并非虚伪，而是苦其心志、劳其筋骨、空乏其身的必经之路。管、蔡没有忍，没有好好探察一番便贸然行动，最终失败了；曹髦没有忍，所以也失败了。

理智，只有战胜了冲动，才会升华为一种智慧，才会让自己看得更明白、更清晰。

假如曹髦看得再清晰些，说不定他会走另一条夺权之路。

或许不一定会胜，但绝不会输得这样快。

不谈玄，以身载道

在新一轮的曹马之争中，最压抑的便是阮籍了。

如果曹魏的君王是曹芳这样的无能之辈也就罢了，可偏偏是曹髦这样有仁有德的帝王。他爱护百姓臣子，有文才武略，是曹魏难得的好皇帝。只是，他生不逢时，遇见了嗜血好杀、野心勃勃的司马氏。

阮籍身为臣子，对皇帝尽忠不能，对司马昭弄虚作假、阿谀奉承也不愿意，他只能把这种苦压在嘴里，借酒再灌到肚子里。

后有一日，阮籍母亲去世了。这件事原本不该引起人们的注意，但阮籍的一系列行为使人们不得不讨论他。于是，他成了不遵礼教的罪人。

据史书记载，母亲去世那天阮籍正在下棋。他母亲的死讯传来时，与阮籍一起下棋的人就不想再下了，而阮籍却偏要把棋下完。

一局终了，阮籍并未速速回家，而是找来酒喝。一口气喝下二斗后，他突然放声大哭，接着吐出一大口鲜血来。

阮籍痛出内伤，休养了几天才好。

为母亲守丧时，裴楷来吊孝，阮籍正喝得酩酊大醉，披头散发。按儒家丧礼规定，客人吊孝，孝子须陪着客人哭几声才合乎礼数。然而，阮籍见裴楷来了，并不招呼，也未尽哭丧礼数。

裴楷尽礼哭完便告辞了。有人问裴楷，阮籍如此不守礼法，你为何要守礼法？裴楷也只是说，阮籍是方外人士，他不遵礼法情有可原；我是世俗中人，自然要以礼法约束自己。

不得不说，裴楷是阮籍的知音，有如此懂他的人，也是阮籍的幸运。只是，阮籍才不管这些，他如庄子般只与自然是知音。

待母亲下葬之时，阮籍又一次表现出了自己的反礼教行为。他不仅蒸了乳猪当作下酒菜，还在大口饮酒之后才举行安葬仪式。

阮籍痛快完万念俱灰，只说了"穷矣"二字，便号啕大哭，接着再次吐出血来。

瞬间，阮籍心骸俱损，状如垂死之人。

阮籍不是不痛苦，也不是不难过。他虽不遵礼法，但并非不孝，所以阮籍的事虽然轰动一时，却不会引起司马昭的反感。

当人们大骂阮籍"居丧无礼"时，司马昭反而为他说情，认为阮籍的一切都是遵从礼法的，只是不合大家以为的礼法而已。

司马昭看人，自然不会只看阮籍放荡的一面，还会看他真性情的一面。阮籍这样的人可比满嘴维护礼法、内心却无礼法的人强不知多少倍。

法在心中,不在乎形。

但是,法虽不在乎形,却并非"酒肉穿肠过,仁孝心中留"般的油腔滑调。假如自己从来心中无法、无礼,却说着这样"潇洒"的话,那么与满口维护礼法的人并无不同。

两者都不过是矫枉过正。一个偏于法,另一个偏于"无心"。

司马昭之所以任由阮籍放诞,是因为他明白阮籍心中有孝,只是选择了另一种表达方式。

就在阮籍丧母的第二年,曹马之争的小火苗又一次燃烧了起来。

甘露四年(259年)正月,宁陵县有人在井里发现两条黄龙。接着,顿丘、冠军、阳夏等地都有人在井中见到龙。有人认为,人见黄龙是吉兆,而曹髦却认为:"龙者,君德也。上不在天,下不在田,而数屈于井,非嘉兆也。"(《资治通鉴》)

曹髦说,龙,是君子的最高德行,但龙上不在天,下不在田,而屈居于井中,这种现象并非好兆头。他之所以这样说,是因为他正如井中之黄龙,正可怜地屈身其间,不知何时能飞上云霄。一想到此,他十分伤感,遂作了一首《潜龙诗》[①]:

[①] 该诗内容出自通行本《三国演义》第一一四回"曹髦驱车死南阙 姜维弃粮胜魏兵"。该诗是曹髦自讽并且辱骂司马昭的,但《三国志》《晋书》等正史古籍中并未记载其内容。《汉晋春秋》中只记其事,未见其诗内容,所以有人认为该诗已失传。

伤哉龙受困,不能跃深渊。
上不飞天汉,下不见于田。
蟠居于井底,鳅鳝舞其前。
藏牙伏爪甲,嗟我亦同然!

这首《潜龙诗》写得太过直白,"鳅鳝"除了代指司马氏之外,还指那些依附司马氏的臣子。曹髦绝不会把司马昭比作真龙,否则他这条真龙又该被置于何处?

偏偏那井中有两条龙。曹髦这条龙正缩着身子、藏着爪牙,另一条龙不也正隐藏着自己的野心吗?

真龙藏于不容易被人看到的地方,也暗示着曹髦还需要忍耐,待积攒够了能量再龙腾虎跃,只是他忍无可忍,再也不想隐藏自己了。

司马昭读到此诗,大为光火。曹髦如此光明正大地吐露自己的委屈,不正是向全天下人宣布,他如今正被司马氏控制,不得自由,无法腾飞吗?

舆论的压力也刺激司马昭的野心加速暴发。此时,曹髦和司马昭是两颗还未定时的炸弹,他们彼此都在等待着对方爆炸,只是他们不知道何时才是爆炸的好时机。

甘露五年(260年)正月初一,又发生了一件大事——出现了日食。

在当时的人看来,所有天文现象都与自然灾害和社会政治相关。日食代表着不祥,比藏于井内的龙还令人压抑。

甘露三年（258年），司马昭平定诸葛诞后，不久便"封帝为晋公，加九锡，进位相国，晋国置官司"。甘露五年（260年）四月，司马昭进一步削弱了曹髦的势力，这让曹髦感到很愤恨。

或许曹髦知道自己大势已去，假如再等下去，他必定会成为真正的"寡人"。到那时，他连争权夺势的资格都没了。

他不想成为软弱的皇帝，而是想在此时奋力一战。

五月夜，曹髦召侍中王沈、尚书王经、散骑常侍王业前来，对他们说："司马昭之心，路人所知也。吾不能坐受废辱，今日当与卿自出讨之。"

王经听完，认为不妥。古时，鲁昭公因无法忍受季氏专权，也曾想要夺回权势。奈何他最终讨伐失败，丢掉国家，成为天下人的笑柄。如今权势已掌握在司马昭手中，朝廷四方之臣都为他效命，虽然宫中有禁卫军，但兵力太过弱小，怎能轻易夺回权势呢？王经建议曹髦谨慎行事，毕竟想要除去顽疾需要详细研究，否则会导致疾病进一步加重。

曹髦听完从怀里拿出诏书并扔到地上，称自己已经决定了，纵使死也没什么可怕的，更何况不一定会死。

说完，他便进内宫禀告郭太后了。

王沈、王业见曹髦决心已定，立即与王经商量通知司马昭。

不过，王经并没有跟随他们一起去司马昭的府中。

在局势已如此明朗的前提下，王经有此胆量也是难得。毕竟，谁与曹髦亲近，谁便"没有好下场"。

如果说阮籍是用反礼教的方式批判着当下,那么王经便是用一种不追随司马昭的方式守护着对曹魏最后的忠心。

司马昭接到情报后,理应高兴才对。他手中有数十万兵力,区区禁卫军又岂是他的对手?挡在他面前的,从来都不是势力、兵力,而是舆论的压力。

弑君,是千古大罪,他不能主动攻击,唯有逼迫曹髦出手,他才能给大众一个交代。毕竟,"大英雄"很在乎名声。

曹髦将夺权的事禀告郭太后了,郭太后极力劝阻,劝他莫要冲动行事。只是,曹髦已无退路,纵使他不拔剑奋战,也早晚要被司马昭以刀抵脖。

倘若他被逼退位,或许不会人头落地,但要背负贪生怕死、软弱无能之名。他认为与其苟且偷生,不如高贵赴死。

无论是否如王经所说,他会成为后世的笑柄,他都不管了。

阮籍放诞,反礼教;曹髦冲杀,与命运抗争。

做任何事,都要承担后果。只是那后果是曹髦、阮籍、王经甘愿去承担的。

知人心，观世事

曹髦的夺权决定，虽属壮烈之举，但终究是一意孤行。

第二日，曹髦带着禁卫军、宫人等几百人冲出门外，直奔司马昭府而去。

司马昭在得知曹髦下定决心孤注一掷后，早已做好了部署。他的敢死战士也在这个队伍里。这注定了是一场弑君之战。

曹髦刚刚冲出宫外，就遇见了司马昭派来的军队。司马昭的弟弟屯骑校尉司马伷是军队的首领，见曹髦的部下大声呵斥"敢有动者族诛"，司马伷便被吓退了。

曹髦的军队来到南阙之下时，又遇见了中护军贾充的军队。贾充是司马昭的心腹，一心拥戴司马昭做皇帝。在贾充眼中，谁能带自己飞黄腾达，谁就是他拥护的皇帝，除此之外他才不在乎谁是合法的皇帝。

贾充并未被曹髦的军队吓退，双方展开了激烈的厮杀。曹髦亲自上阵，用剑与敌方战斗，试图吓退贾充的军队。

曹髦终究是真命天子，触怒龙威到底是不小的罪过。一时间，贾充慌了，他一面抵挡，一面后退，不知如何是好。

眼见防线快要被冲破时，太子舍人成济站了出来。有人说，成济是司马氏豢养的死士。死士并无多少头脑，只要主人一声令下，便会勇往直前，死而后已。

成济见曹髦的军队步步向前，认为不展开攻势便不行了，于是问贾充："事急矣，当云何？"

贾充说："（司马公）畜养汝等，正谓今日。今日之事，无所问也！"

成济听完，抽出长矛，朝着曹髦冲了过去。曹髦大惊，来不及闪躲。成济用力过猛，长矛刺穿了曹髦的胸膛。

曹髦当场死去！

司马昭得知曹髦已死，大惊，自投于地。太傅司马孚则立即奔赴战场，将曹髦的头枕到自己的腿上痛哭起来，曰："杀陛下者，臣之罪也！"

然而，无论司马氏的人如何忏悔，都无法改变他们弑君的事实。文武百官，虽心中激愤，但不能奈司马昭如何。于是，他们决定杀贾充，以谢天下。司马昭不肯，退而求其次改杀成济兄弟。

成济兄弟不服，赤裸着身体跑到屋顶大骂司马昭卸磨杀驴，最后他们被军士从下射杀。司马昭不知是出于报复，还是出于平定民怨之气，又上书请求，株连成济亲属，获郭太后准许后，又夷了成济三族。据《纲鉴易知录》载："子弟逼之，乃入，见昭，悲恸，昭亦对之泣曰：'玄伯，卿何以处我？'泰曰：'独有斩贾充，少可以谢天下耳！'昭久之曰：'更思其次。'泰曰：'泰言惟有进于此者，不知其次。'昭乃不复言。以太后令，罪状髦，废为庶人，葬以民礼。收王经及其家属付廷尉。经谢其母，母笑曰：'人谁不死，正恐不得其所；以此并命，何恨之有？'及就诛，故吏向雄哭之，哀恸一市。王沈以功封安平侯。太傅孚等请以王礼葬髦，许之。昭言成济大逆不道，夷三族。"

司马昭弑君后，王经因未与王沈、王业同流合污，和其母一同被逮捕并判处死刑。王经向母亲谢罪，母亲面不改色，笑曰："人谁能不死，只怕不得其所。我们为此事而死，又有何遗恨？"

故吏向雄为王经痛哭，其悲痛之情感动了整个街市的人。

令百姓为之动容的还有曹髦。为了"拨正反乱"，司马昭假托郭太后之名，对曹髦口诛笔伐，宣告他悖逆不道、自隐大祸之罪，属于死有余辜。

他将曹髦贬为庶人，要以百姓之礼安葬。若非司马孚请命以王之礼安葬曹髦，司马昭后又许之，怕是他再不能平抚民众的心了。

据习凿齿在《汉晋春秋》中所载："丁卯，葬高贵乡公于洛阳西北三十里瀍涧之滨。下车数乘，不设旌旐，百姓相聚而观之，曰：'是前日所杀天子也。'或掩面而泣，悲不自胜。"

据这段记载，可见曹髦仍是以百姓之礼安葬的。

不过，这都是身后事了。死，可轻于鸿毛，也可重于泰山，虽然曹髦身后事很凄凉，但能凸显他的伟大。

曹髦用死捍卫了帝王的尊严，他并无遗憾。

许多年后,司马炎篡位建晋,又想起了王经。他下诏说,已故尚书王经,虽身陷刑法,但保守了自己的志向值得褒奖。如今,他门户堙没,朕很痛心,赐王经之孙为郎中。

还好,历史最终没有辜负王经,他的沉冤终得昭雪。

在这样的局势下,山涛、阮籍、王戎,都成了司马昭的官吏,即使他们心向曹魏,也再无法"中和"了。

曹髦被杀害,意味着离改朝换代不远了。甘露五年(260年)六月,新帝曹奂登基,史称魏元帝,改年号景元。

这一年,曹奂十五岁,又是一位年轻可掌控的"好皇帝"。

司马昭的野心昭然若揭,他开始与大臣商量治国要略。在治国上,他遵从礼法的名教,以孝治天下。

帝王向来以德治天下,以忠"治"大臣。然而,司马昭因对曹魏的不德、不忠,只能鼓吹"孝"。

阮籍丧母时,司马昭已有了以孝治天下的政治策略。那时,满朝上下都奉行孝悌之道,使得阮籍非常反感。后来,他在母丧上的种种放诞行为,都是对那些假教、假仁的批判。

有一次,司马昭在讲到为官之道时,提出了清、慎、勤三点。他认为,为官者,若能做到这三点,就没有治不好的天下。

众臣听完,开始吹捧司马昭的明智。有人赞他的"清"之道,有人赞他的"勤"之道,有位叫李秉的人,认为"慎"最重要。为官者若懂谨慎之道,何愁不清,何愁不勤?

司马昭听完,认为李秉言之有理,便问他,当今之世,谁最为谨慎呢？李秉报了几个人名，都不能让司马昭满意。最后，司马昭说："然天下之至慎者，其唯阮嗣宗乎！每与之言，言及玄远，而未尝评论时事，臧否人物，可谓至慎乎！"（《世说新语·德行》注引李秉《家诫》）

当今之世，最小心谨慎的人是阮籍啊！他口不臧否人物，也不评论时事，真是将谨慎做到了极致！

事实上，阮籍并非真的那么小心翼翼，他也有不平之气，需要偶尔发泄一番。

有一次，阮籍在司马昭府中做客，听闻了一起儿子杀母案。司马昭倡导以孝治天下，这个儿子敢杀母，可见已是不仁不孝，此案也必然会被重判。

阮籍听完，张口便说："嘻！杀父还可忍，杀母怎么说得过去呢？"

众人闻之大惊，心想阮籍要完了。司马昭深知阮籍一向谨慎，他贸然说出这番话，一定有另外的深意，便问他："杀父是天下极恶，你怎么认为能忍得？"

阮籍解释说："禽兽知有母，而不知有父。杀父，等于禽兽；杀母，则禽兽不如！"

众人听完，无不心悦诚服。

司马昭弑君，多次控制郭太后，对上不也是不忠不孝吗？

虽然都是心知肚明的事，但话不能这样说出来。人们认为阮籍一时间说了错话，但不能否认阮籍可能是故意为之，趁机发泄他对司马氏的不满之情。

司马昭虽狠，却没有在这件事上过度追究；名士虽心机单

第五章 道要自然地走

纯，对司马氏的不满却很深。

只是他们不敢说，也不能说。

在当时这样的局势下，大臣们都得夹起尾巴做人，不能露出一丝破绽来，甚至到了关键时刻，还得断尾求生。因为不切断它，会让司马氏怀疑你并非"善类"。曹魏皇室当时已经成了司马氏的眼中钉，拥护曹魏皇室就是反对司马氏。曹魏皇室的象征人物当时只剩下了没有威胁的郭太后。但为了权力谁也不知道司马氏会做出什么事来。阮籍想要维护郭太后的心，暴露出他对司马氏不是绝对的忠诚，如果有心人以此生事，那么阮籍肯定不会有好结果。

阮籍只露出了一点他尾巴上的毛。但除此之外，阮籍也再不能做什么、说什么了。

所以，绝交吧兄弟

又一轮曹马之争结束了。

现在，毫无疑问，曹魏江山已是司马氏的了。假如现在有人公然站出来反对司马氏，那么无疑是以卵击石。

在竹林七贤里，最不想归顺司马氏的人是嵇康。他有一身铮铮铁骨，也曾在司马昭出仕时躲到河东去。

那时，司马昭顾虑重重，还有太多阻力和阻碍，他没空理会嵇康的政治立场。如今，天下大势，已在久"分"中渐渐"合"了，嵇康又怎能逃得了重新选择立场这道难题呢？

阮籍太懂嵇康，深知他绝不会臣服于司马氏，也不好说什么。其余几位好友有没有劝过嵇康不得而知，但识时务的山涛肯定想了办法说服嵇康，劝他把头低下来。

这些年来，山涛虽在仕途，但一直默默无闻。更确切地说，他将自己隐藏得很好，不似阮籍那般周旋于曹髦和司马昭之间。

山涛为官期间，一直克勤克俭、廉洁公正，偶尔也会引起司马师和司马昭的惦记。毕竟，他们有着非同一般的亲戚关系，偶尔的问候总是少不了的。

有一年，曹芳赐司马师春服，司马师将它赐给了山涛。山涛母亲年纪大了，身体不算硬朗，司马师又赐蒺藜木手杖给山涛的母亲。后来，司马昭执政，见山涛如此清廉，写信说："足下做事清明，美德出众，一想到你家中清贫，日用匮乏，便送你钱二十万，谷物二百斛。"

在司马昭解决掉曹髦之后，山涛就任了尚书吏部郎，之后又做了大将军从事中郎。如果山涛就任从事中郎，尚书吏部郎的职位就会空出来。一想到嵇康还有危险，山涛主动给嵇康写了信，期望他能接替自己尚书吏部郎一职。

此时，嵇康已从河东回到山阳。他刚刚回来，便听到好友吕安说起了山涛的想法。后来，山涛与嵇康也曾多次见面，但两个人并未提及此事。

甘露五年（260年），曹髦被杀，司马昭嬗代之事已是板上钉钉了。假如嵇康还不肯出仕，那么其结果必然令人担忧。

假如司马昭再征召嵇康，只怕他还会偷偷地躲起来。但是，如果山涛出面，或许嵇康还能给他一个面子。不过，刚强的嵇康拒绝了山涛的好心。

曹髦被杀，嵇康的愤恨可想而知。此时，还要他成为司马昭的手下，这几乎是不可能的。嵇康为了防止山涛再来劝他"接班"，只好写了一封两千多字的《与山巨源绝交书》。

绝交信写起来，自然是绝情绝义的，否则也不能称为绝交。在这封信中，嵇康说："间闻足下迁，惕然不喜，恐足下羞疱人之独割，引尸祝以自助，手荐鸾刀，漫之膻腥，故具为足下陈其可否。"

嵇康听闻山涛升职心里十分恐惧，毫无可喜可贺的心情。试想，给"刽子手"做手下的人，最终又怎能不成为"屠夫"呢？嵇康说山涛独自做官感到不好意思，所以才要引荐他出仕，好同流合污。这很像厨房里的屠夫，一人杀猪宰羊，显得太过血腥，只好将管祭祀的人找来帮忙一般，两人手里都握着刀，才能一起沾上膻腥。既然你想害我，那我就要跟你好好地说一说，这样做是否可以。

自古以来，圣贤和隐士都是根据自己的志向行事，正所谓"志气所托，不可夺也"，不能因为您的志向是"好章甫"，便期望我也戴上好看的帽子吧。当然，也更不能因为您喜欢腐臭之物，便非要拿死耗子喂养只喜欢吃美食、饮甘泉的小鸳鸯。

总而言之一句话，我有我的志向，我是真正的隐士，跟你们这些嗜血、崇尚高官厚禄的人是不同的。

在嵇康看来，他自己是"性复疏懒，筋驽肉缓，头面常一月十五日不洗，不大闷痒，不能沐也。每常小便而忍不起，令胞中略转乃起耳"。他这样一个又懒又放荡的人，怎么适合做官呢？

一只野鹿如果在幼时便被驯养，那么它会服从人类的约束；如果在长大后才被人抓住，那么它想到的肯定是挣断缰绳，哪怕赴汤蹈火也要获得自由。即使人们在它的头上放了黄金，给它精美的食物，也挡不住它渴望回到深林芳草间。嵇康喜欢睡懒觉，而做官之后，差役会叫他早起，他做不到。他喜欢抱着琴四处游荡，边走边唱，也喜欢去山林间射鸟钓鱼，但

第五章 道要自然地走

为官者身边簇拥着一堆小吏小卒,他甚不喜欢。

他也无法忍受面对客人时正襟危坐,痛痒都不能动的痛苦。他有一身虱子,是一定要挠的。他更不喜欢写文书,可做官偏偏要书写文书。他还不喜欢吊丧,讨厌规矩,他也因为放诞的行为而被人怨恨过,甚至有人为此想要陷害他,他又怎能置自己于水火中呢?

他不喜欢俗人,所以不能与为官的人共事。宾客满座、乌烟瘴气,为了私利,人们使出浑身解数,丑态百出,这有什么好的?

还有,他性情不足,做官后公事烦琐,要务缠身,人情世故又不得不考虑,这个他不能忍受。

嵇康写了为官的"七不堪",这些不堪使他坚决不愿步入仕途。

另外,嵇康又写了两个不可:"每非汤、武而薄周、孔,在人间不止,此事会显,世教所不容,此甚不可一也。刚肠嫉恶,轻肆直言,遇事便发,此甚不可二也。"

所以,嵇康说,他自己远离仕途,并非有什么经天纬地之才,而是他自身缺点太多,只有远离世务,才能保全自我而已。总而言之,你不能因为我"一无是处",便称赞我高洁刚强。我这样的人,你非要我出仕才欢喜吗?如果一定要逼我为官,那么我必然会精神受损,甚至发疯,我们又无此深仇大恨,你为什么要害我?

对于一个想"害"他的人,嵇康自然要绝交了。

但每个人都明白,山涛请嵇康出仕,正是为了保全嵇康。

为此，有人认为，嵇康这封绝交信，写出了嵇康不愿和山涛这样的人做朋友的心情。也有人认为，嵇康并非真绝交，只是为了向司马昭宣战。还有一种观点，嵇康怕自己的不出仕会害了山涛，所以及早与之撇清关系，才能让山涛安然无恙。

两个人之所以能成为知音，本身就是因为懂得对方的真心。

嵇康懂山涛，山涛也懂嵇康。所以，嵇康在被杀之前，对儿子嵇绍说："巨源在，汝不孤矣。"事实上，懂得他们感情的人很多。比如，嵇康的哥哥嵇喜，他在《嵇康别传》中写道："山巨源为吏部郎，迁散骑常侍，举康，康辞之，并与山绝。岂不识山之不以一官遇己情邪？亦欲标不屈之节，以杜举者之口耳。乃答涛书，自说不堪流俗，而非薄汤武。大将军闻而恶之。"

嵇康与山涛绝交是假的，但司马昭对嵇康的讨厌是真的。

这不是在与朋友绝交，而是在与司马氏的势力绝交。与朋友绝交，最多失去朋友；而与强大的势力对抗，失去的却很可能是性命。

只是在嵇康看来，性命在气节面前，实在太过渺小。

当一个人的心坚持气节时，他便要与自己的身、自己的"命"绝交了。通俗地讲，嵇康不会为世俗低头，在面对生命和气节时，他选择了气节。这便是儒家常讲的舍生取义。

综上种种，可见嵇康的气节是多么高贵。

第六章　君子之交浓于酒

这个眼神"你懂的"

嵇康个性刚强,宁折不弯,与其他几位好友大有不同。除刘伶醉酒被罢官外,其他几位名士都步入了仕途。

即使如此,嵇康也没有与他们绝交。他可以接受每个人走不同的路,但拒绝别人拉他走他们不得已而走的路。当嵇康的哥哥嵇喜决定出仕时,嵇康虽然表示反对,但是仍"手挥五弦"地为哥哥送行。

所以,嵇康其实是一位相当宽容大度的人。在《嵇康别传》中,嵇喜写道:"康性含垢藏瑕,爱恶不争于怀,喜怒不寄于颜。所知王濬冲在襄城,面数百,未尝见其疾声朱颜。此亦方中之美范,人伦之胜业也。"

嵇康其实是一个可以藏污纳垢的人,至于爱恨情仇他也会放在心中,但喜怒不会显现在脸上。所以,王濬冲在襄城见过嵇康数百次,但从未见过嵇康厉声厉色。这是嵇康的美范,也是他能胜过普通人的地方。

由此可见,嵇康与山涛绝交,很可能是一场演给别人看的大戏。

嵇康早孤,是由哥哥嵇喜带大的。史书记载,嵇喜有当世之才、政治才干,当过太仆、宗正。兄弟二人虽立场不同,但并未影响他们之间的兄弟情谊。

然而,在其他几位好友眼中,嵇喜实在太过平庸,平庸到阮籍从不正眼瞧他。

阮籍不喜欢衣冠楚楚的假正经之辈,偏偏嵇喜是遵循礼教、为人正派的饱学之士。对于正派的嵇喜,阮籍很不喜欢,于是他总是白眼看嵇喜。《晋书·阮籍传》载:"籍又能为青白眼,见礼俗之士,以白眼对之。及嵇喜来吊,籍作白眼,喜不怿而退。喜弟康闻之,乃赍酒挟琴造焉,籍大悦,乃见青眼。"

阮籍丧母,嵇喜去吊孝,阮籍却白眼看人。嵇喜很郁闷,但只能悻悻离去。嵇康听说阮籍遭此不幸,立即携酒和琴看望阮籍。阮籍一见嵇康前来,便青眼迎之,很是高兴。

遇见自己喜欢的人,便正眼看人;遇见不喜欢的人,就翻白眼,这就是最真实的阮籍。阮籍的行为或许表达了他的处世态度,但宋人叶梦得不以为然。他在《石林诗话》中说:"尝称阮籍口不臧否人物,以为可师,殊不然。籍虽不臧否人物,而作青白眼,亦何以异?"

有人认为,叶梦得看透了阮籍的本质,他并非不臧否人物,只是不臧否官场的人物。

也就是说,只要与政治相关的事,他从不褒贬,以此来保身。而嵇喜,即使吃了阮籍的白眼,也不会伤害他,所以他才敢于给嵇喜白眼。

如果说,只有阮籍不喜欢嵇喜也就罢了,偏偏吕安也不喜欢嵇喜。有一次,吕安拜访嵇康,正巧碰上嵇康出门未归。嵇喜见吕安站在门外忙出来迎客,谁知吕安不仅不进门,还拿出随身携带的笔墨来,在门上题了"鳳"字,写完便扬长而去了。

嵇喜看到"鳳"字,大喜过望。谁不喜欢被称赞,被认可?只是后来嵇喜才知道,"鳳"字拆开来看,是"凡鸟"二字,意指嵇喜是普通人,吕安不愿搭理他。

又有一次,嵇康不在家,吕安坐在家里等嵇康归来。嵇喜招待吕安,吕安宁肯与嵇绍聊天,也不愿理睬嵇喜,使嵇喜很无奈。

以阮籍的青白眼评判他的为人,确实有些冤枉他了。阮籍并非欺软怕硬的人,只是不喜欢俗人罢了。

事实上,阮籍一直用放诞"臧否"时局、礼教,又何止"白眼"了嵇喜一人。

对于嵇喜的俗,嵇康也认为这不是什么好事。一个人崇尚富贵,渴望出仕,终究会引来杀身之祸。与其如此,不如洁身自好地做个隐士。可在嵇喜看来,俗才是最好的。他在《答嵇康诗四首(其三)》中写道:"达人与物化,世俗安可论。都邑可优游,何必栖山原?"

通达事理的人,更应该懂得从善如流、顺势而为,唯有俗一些才可以安身立命。如果只求个人优游、内心清净,那么何必非要隐居山林呢?

不得不说,嵇康与嵇喜虽是亲兄弟,但绝对是话不投机半句多。对于一个渴望做隐士的人来说,劝他大隐隐于市,只会遭到名士的耻笑。

大隐隐于市,是指真正有境界的隐士,如同孙登,无所谓闹市与山林。他可于山林间披发取暖,也可入市讨饭。可对于嵇康来说,他渴望做个隐士,第一步只能先求清净,待清净之后才可以来闹市修炼。毕竟,渴望做和真正做到是有区别的,假如混淆了概念,就只能令人苦笑了。

嵇康与孙登、王烈皆有交集,孙登不语、天书消失,都表明嵇康还带着"俗气",这一点嵇康是自知的。所以,他渴望入山去俗,仅此而已。

嵇喜渴望安身立命,嵇康渴望保住名节,一个坚决不入山,一个坚决不出仕。他们兄弟二人虽不曾反目,却走向了两个极端。

确切地说,走向了两条完全不同的路。

在魏晋时期,崇尚归隐是自然而然的行为。陶渊明不为五斗米折腰,解绶去职后,过上了贫瘠诗意的生活。

陶渊明嗜酒,常与朋友醉卧花丛中。无论高贵之人还是贫贱之人,只要他登门造访,陶渊明都是有酒必斟。如果陶渊明先醉,就会直接告诉客人,"我醉欲眠,卿可去"。

名士言辞率真,不雕饰,不矫情,坦荡质朴,自然天成。遇见知音,相谈甚欢,遇见俗子,则闭口不言。

一个人,假如他不懂欣赏自然,不追求真理,只对财富地位等身外之物痴迷,那么自然要遭受名士的白眼。

阮籍白眼嵇喜,白眼的对象是当时那些为了保自己平安,主动投奔司马氏的人。吕安白眼嵇喜,更是认为这样的思想俗不可耐,他又有什么可说的?

司马攸是司马昭的次子,因司马师无子,便过继给了司马师。对于嵇喜,他也很是看不起,常以白眼相待。

可见,在魏晋时期,人们更尊敬名士,普通俗人大多会遭别人白眼。

或许有人会说,竹林七贤中大多入了仕途,与嵇喜有何区别,为什么偏偏要责难嵇喜?

名士一生的追求是真理,即使委曲求全入了仕途,心中也仍不忘对真理的追求。普通人即使入了仕途,站对了队伍,获得了富贵,也与真理不相干。

既然如此,那么两者又怎么可以相提并论?

这大概就是对嵇喜遭人白眼最好的解释了。

每一相思,千里命驾

相思,多数情况下指相恋男女之间相互思念。然而,在魏晋时期,最惊天动地的是吕安对嵇康的相思。

吕安性情刚烈,狂放不羁,才气高奇。相传为吕安所作的《与嵇茂齐书》中写道:"横奋八极,披艰扫秽,荡海夷岳,蹴昆仑使西倒,蹋太山令东覆,平涤九区,恢维宇宙,斯吾之鄙愿也。"

他说自己的愿望是横奋八方荒远之地,扫清污秽,翻动海水,夷平山岳,踢得昆仑山往西倒,踏得泰山往东倾。他还要洗涤九州,思维宇宙之真理。

吕安辞气慷慨,有济世的雄心和才气。他的文采,受嵇康影响,既有慷慨磅礴的气势、流畅的语言,又有名士批判的精神,严厉地抨击和忧虑当时的礼教陋习。

一个人生逢乱世,越是有济世之才、雄心壮志,内心越是压抑。对于时光的蹉跎,对于人生的无奈,对于世道人心不可逆的感悟,也只能仰天长叹了。

他改变不了世道人心,也改变不了自己。当天生我材必有用时,他自然满心畅快,无尽潇洒;当郁郁不得志时,他若要安然自处似乎很难。在《髑髅赋》中，吕安对一骷髅发出了这样的人生感慨："踌躇增愁，言游旧乡，惟遇髑髅，在彼路旁。余乃俯仰咤叹，告于昊苍：'此独何人，命不永长？'"吕安叹息着问，这到底是何人，怎么会命不长久？他又写："天夺我年，令我全肤消灭，白骨连翩，四支摧藏于草莽，孤魂悲悼乎黄泉，生则归化，明则反昏，格于上下，何物不然。"原来，他在借骷髅感慨人的命运。老天夺走了人的年岁，令人皮肤消失，白骨裸露，四肢被藏于草丛里。这具骷髅的灵魂走向了黄泉路，灵魂其实是回归、升华了。正如光明过后会昏暗，守于上也必然有下，世间万物不都是如此吗？他再写："余乃感其苦酸，哂其所说，念尔荼毒，形神断绝。"吕安经历了太多，其中苦酸之味，他必须说出来。

这番感慨，吕安真是抒发得淋漓尽致，形神俱悲。

当吕安遇见嵇康时，才恍然发现原来有学识品性的人并非都如同他这般忧郁。他钦佩嵇康的才学、品性，嵇康对吕安也格外友善。当时，吕安家住山东，嵇康隐居于河内郡山阳，两地相距千里。《世说新语·简傲》载："嵇康与吕安善，每一相思，千里命驾。安后来，值康不在，喜出户延之，不入，题门上作'鳯'字而去。"干宝在《晋纪》中也记载了此事："初，安之交康也，其相思则率尔命驾，千里从之。"

即使两人相隔千里，吕安每当想起嵇康，便会不假思索地驾车出发。即使没有见到嵇康也无妨。

乘兴而来，兴尽而归，足矣，何必一定要见你？吕安的做法，与王徽之的做法简直一模一样。

东晋大书法家王羲之三子王徽之生性高傲，行为豪放不拘，不喜受人约束。他身在朝廷做官，但因不愿受官场约束，辞去了官职，整日过着游山玩水、饮酒作诗的生活。

一年冬天，天降鹅毛大雪。雪停后，天空出现圆月，月光照得大地晶莹耀眼，壮观得无与伦比。王徽之见此风景，兴致勃勃地叫上家人，搬出桌椅，取来酒菜，坐在庭院中赏雪饮酒。

忽然，他想到此时假如有琴声做伴，那真是世间最舒服的享受了。由此，他想到了弹琴一流的好友戴逵。

每一相思，千里命驾。王徽之立即动身，叫仆人准备好船，连夜前往好友处。王徽之与戴逵之间，也隔了相当远的距离，他不考虑见到好友时雪是否已融化，或自己变了心境，总之他想见好友，便乘兴而去。

月光倾泻在河面上，波光粼粼，不远处的河面上也盖了皑皑白雪，真是如同仙境一般。王徽之观赏着如此美景，恨不能立即见到戴逵，共赏这至美景色。

船在河上划了一夜，拂晓时，他们一行人终于到了剡溪。突然，王徽之叫仆人撑船归去，仆人莫名其妙，问他为何不上岸与戴逵相见。王徽之淡然一笑，曰："吾本乘兴而行，兴尽而返，何必见戴？"

王徽之一时兴起想见戴逵，想的是戴逵的琴。吕安一时兴起想见嵇康，想的是嵇康的人。千里访友，来回两千多里，这需要吕安吃太多"不尽兴"的苦，才能见到嵇康。

吕安的做派，好不潇洒；吕安对嵇康的深情，好不令人为之动容。

第六章　君子之交浓于酒

吕安在给朋友的答谢信中，也表现出了他对友人的深厚情谊。他在《与嵇茂齐书》中写道："去矣嵇生，永离隔矣！茕茕飘寄，临沙漠矣！悠悠三千，路艰涉矣！携手之期，邈无日矣！思心弥结，谁云释矣。"

吕安与嵇康永远地离别了。他还行走在被发配的路上，临近沙漠了。这三千里路程，真是说不尽的艰辛。这样遥远的路途，他再也不能"千里命驾"了。其中的忧愁，谁又能懂呢？

这封书信，也有人说出自赵至之手。赵至（约244—281年）字景真，是嵇康的学生。他便是另一位"每一相思，千里命驾"的人。

赵至出身代郡望族，后因战乱，家道中落，父亲耕田为生。母亲重视教育，及早将赵至送入私塾读书。

有一天，赵至在私塾里读书，忽然听见父亲耕田时大声叱牛的声音便痛哭起来。先生询问原因。赵至说，他一想到父亲如此辛苦，自己又年纪尚幼，无法奉养父母，还要让父母辛苦劳作，养家糊口，供他读书，心中便惭愧难过，所以忍不住哭了。先生感动于赵至的至孝，认为他是奇异之人，于是更加用心地教导他。

十四岁时，赵至求学洛阳。在太学，他看到有人专心写石经，书法飘逸遒劲，便一直看他书写不肯离去。他问书生姓名，书生未答，反问他为什么对自己的姓名感兴趣。赵至说，看先生书法风格非同一般，所以才想求名。书生认为这个孩子非同一般，便告诉他自己的名字叫嵇康，然后就离去了。

自见到嵇康之后，赵至便立志要成为嵇康的学生。他左打听、右打听,找了许多地方,都没有找到嵇康,以致他急得得了疯病。他每次发疯,一定要出走好几里地,直到家人将他带回家。

为了找到嵇康,赵至也可谓"每一相思,千里命驾"了。

两年后,赵至在邺城与嵇康相遇,跟着他来到了山阳。从此,赵至改名赵浚、字允元,表示自己终于获得了新生。

嵇康欣赏赵至,认为他头小而锐,瞳子黑白分明,有大将白起的风范。赵至受嵇康影响,在志向和追求上更为远大了。嵇康去世后,赵至开始步入仕途,成为有名的良吏。

赵至被举荐到洛阳述职后,因听闻母亲去世的消息,极度悲痛,呕血而卒。

当时,赵至才三十七岁。

赵至与嵇喜也是好友,与其他几位贤人也有着非同一般的关系。吕安因书法、音律、酒量等并无记载,所以并未纳入"七贤"中。

赵至崇拜嵇康,书法、诗文等未有详细记载,再加上与其他几位贤人相交的故事几乎没有,所以也成了"竹林之游"的边缘人物。

不过,无论是吕安还是赵至,以他们的性情、才气、品格,都算得上气质超脱的名士。

赵至未入"七贤"的原因,怕是因为与嵇喜是好友吧。毕竟,欣赏"俗人",便是有"俗心""俗眼"了。

"俗人",从来都入不了"七贤"的法眼,赵至也只能成为边缘人物了。

不是兄弟，胜似兄弟

吕安"每一相思，千里命驾"。他和嵇康虽不是亲兄弟却胜似亲兄弟的感情，有时是福，有时也是祸。

吕安在历史上背负着一个"不孝"的罪名，与潘安的"负阿母"大有不同。潘安的"不孝"是跟错了人，因自己的所作所为导致了被"夷三族"。而吕安并非不孝，而是被哥哥吕巽诬陷，状告不孝的。因吕巽的状告，嵇康也跟着倒霉，入了狱，丢了性命，所以这样深厚的感情，说起来也是一种祸。

吕巽，字长悌，曾任司马昭长史，是吕安的异母长兄。景元三年（262年）某一天，吕安不在家中，吕巽将吕安的妻子徐氏奸污。这件事，由嵇康介入起，引发了一系列不可逆转的大事件。据干宝《晋纪》载：

> 安妻美，巽使妇人醉而幸之，丑恶发露，巽病之，告安谤己。巽于钟会有宠，太祖遂徙安远边郡。遗书与康："昔李叟入秦，及关而叹"云云。太祖恶之，追收下狱。康理之，俱死。

这个事件在《三国志》《世说新语》《昭明文选》所注引史料均有记载。

故事讲述的是，吕安的妻子貌美，吕巽对她心怀不轨。有一天，吕巽灌醉了弟媳并玷污了她。吕安得知吕巽奸污妻子后，欲诉之于官。吕巽知道吕安最听嵇康的话，便急忙找来嵇康，从中调停。

嵇康与吕巽也是好友，又知家丑不可外扬，假如吕安报官，那吕氏兄弟都将不好做人，吕安的妻子更是失了颜面。为此，嵇康答应吕巽说和。

嵇康叫来吕氏兄弟，要求吕巽"以子父交为誓"，保证"永不加害吕安"，吕巽一一应允。为了舒缓吕安的情绪，嵇康又是安慰，又是劝解，结果却是"都遂释然，不复兴意"。

吕巽人面兽心，他一面答应嵇康，信誓旦旦，一面投靠司马昭，与钟会的关系非同一般。不知是钟会暗中算计，还是吕巽心里害怕再生事端，总之他将吕安诉诸官了。

吕巽告发吕安不孝，曾虐待母亲，诽谤兄长，要求将吕安治罪徙边。司马昭以孝治天下，"不孝"之罪非同小可，被流放或杀头都是有可能的。

在官府还未查明真相之时，吕安就被抓了起来。接着吕安被判有罪，并判他发配边疆。

吕安受冤入狱，嵇康得知事情原委后义愤填膺，认为是自己害了吕安。假如他不为吕巽担保，就不会让吕巽有机可乘。

在这个事件中，"受害者"吕母、家仆都站在了吕巽一边,即使没有嵇康的担保,吕安这场劫难也在所难免。正当吕安百口莫辩之时,嵇康又一次挺身而出,极力替朋友辩解。然而,这是徒劳无功的。当吕巽凭借与钟会的关系,认定吕安有罪时,无论提供什么证词,都无效。

嵇康见自己不能拯救吕安后,奋笔写下了《与吕长悌绝交书》,以"绝交不出丑言"的风范,表达了对这位老友的失望与愤慨。

> 康白:昔与足下年时相比,以故数面相亲,足下笃意,遂成大好,由是许足下以至交,虽出处殊途,而欢爱不衰也。及中间少知阿都,志力开悟。每喜足下家复有此弟。而阿都去年向吾有言:诚忿足下,意欲发举。吾深抑之,亦自恃每谓足下不足迫之,故从吾言。间令足下因其顺亲,盖惜足下门户,欲令彼此无恙也。又足下许吾终不系都,以子父六人为誓,吾乃慨然感足下,重言慰解都,都遂释然,不复兴意。
>
> 足下阴自阻疑,密表击都,先首服诬都,此为都故,信吾,又无言。何意足下苞藏祸心耶?都之含忍足下,实由吾言。今都获罪,吾为负之。吾之负都,由足下之负吾也。怅然失图,复何言哉!若此,无心复与足下交矣。古之君子,绝交不出丑言。从此别矣!临别恨恨。嵇康白。

此书是嵇康写下的第二封绝交书。嵇康说,他与吕巽有数面之缘,见吕巽想与他交友,他便与吕家兄弟成了至交。其间，他们关系一直不错，但他更加喜欢吕安。吕巽做出禽兽之事，反而诬陷吕安，不知道到底包藏着怎样的祸心。今吕安获罪，是他嵇康的错。谁让他做了担保呢？但他之所以会负吕安，实在是因为吕巽辜负了他。所以，嵇康要与吕巽绝交，从此再不相往来。

第一封，也就是写给山涛的信，实乃假绝交，这一封才是真绝交。嵇康不能相信，他的朋友中竟然有如此不守信用的人。而吕巽的不守信，导致了嵇康对朋友的失信。辜负，原来如此轻而易举，真是令人心寒、齿寒。

吕巽背信弃义，嵇康重信重义。为了吕安的事，嵇康这个远离世俗、避世隐居的名士，决定不顾自己的危险与麻烦，去洛阳为吕安申冤。

吕安无辜遭此横祸，实在是愤恨难平。他在流放的路上，表达了自己的愤懑之心。他给嵇康写信，信中偏偏写到"蹴昆仑使西倒，蹋太山令东覆。平涤九区，恢维宇宙"等大不敬之语。因为，在当政者看来，昆仑、泰山等是朝廷的象征。而他对现实的不满，表达的正是对当局的批判。吕安的志愿就这样被当政者解读成了他和嵇康"反司马氏"的证据。

这封信如果嵇康收到便好了，偏偏此信落入了钟会一伙人手中，其结果可想而知。吕安罪上加罪，又被扣上了言论放荡、悖逆不道的罪名。

这样一封满纸狂言、抒发心中不满的书信又怎会落入钟会的手中呢？所以，有人认为，吕安的事件从始至终都是一个精心设计的圈套。

他们太了解嵇康了,知道他一定会为好友挺身而出。只要他出面申冤,就可以横生枝节,他们就能抓到把柄。

无论人们的猜测是否合理,嵇康都因为吕安的事入狱了。嵇康认为自己害了吕安,但吕安其实也害了嵇康。

吕安从流放的路上又被带回京城重新判罪,嵇康也被扣上了"谋反"的罪名。

假如嵇康仅仅是为了吕安的事被判入狱,那么给他判处死刑,终究是不能服人的。为此,钟会开始无中生有地罗列嵇康的"犯罪"证据,让这起小案件成了历史上的大案件。

有句话说,"苍蝇不叮无缝的蛋",有缝隙可乘的感情才更容易被人插上一脚。如今看来,无缝的蛋也容易被人插上一脚,严重者如嵇康和吕安一般,被"一锅端"。情之坚,它会成为你的软肋。

要知道,这不是感情的错,错就错在他们重情重义的同时,忘记了别有用心的人,为了自己的利益还会更加别有用心。

但是,等嵇康反应过来时,已经太晚了。

恶人不识恶人

生活中,最可怕的并非遇见有狼子野心之人,而是遇见了这种人却没有察觉。当年,李世民得一匹难以驯服的良驹,仅凭武媚娘几句话便知道她是自己的同类。武媚娘说:"妾能制之,然须三物,一铁鞭,二铁挝,三匕首。铁鞭击之不服,则以挝挝其首,又不服,则以匕首断其喉。"这个女人,一定是个狠人,否则不会对难以驯服的马"断其喉"。

司马懿也是一个狠人,曹操早已看出,已警觉。等到了司马昭这里,曹魏天下已尽在掌握,再加上他并无观人之智,才使钟会这样具有狼子野心的人开始祸乱朝纲。

事实上,司马昭不仅不懂识人,还有些自负。钟会的哥哥钟毓提醒过司马昭,钟会说不定有叛乱之心,但司马昭并未信服。据《晋书·文明王皇后传》载:"时钟会以才能见任,后每言于帝曰:'会见利忘义,好为事端,宠过必乱,不可大任。'会后果反。"

钟会伐蜀前,许多人都预见了他的野心。在《晋书·王戎传》中又有记:

> 钟会伐蜀,过与(王)戎别,问计将安出。戎曰:"道家有言,'为而不恃',非成功难,保之难也。"及会败,议者以为知言。

王戎与钟毓是好友,且来往密切,与钟会相熟也是必然的。后来,钟会推荐王戎出仕,也是得益于这段关系。所以,钟会伐蜀时,向王戎问计策,王戎却说,道家曾说过,不能仗着自己对别人有恩惠而达到利己的目的。成功不难,保住成功的果实才难。而如今的钟会见利忘义,仗着司马昭的宠爱"居功",此人又怎能靠得住呢?

据史料所载,司马昭不相信钟会会叛乱。如《晋书·荀勖传》中写道:"及钟会谋反,审问未至,而外人先告知。帝待会素厚,未之信也。"

为何司马昭如此信任钟会?这是因为司马昭与钟会的父亲书法家钟繇在年轻时就多有往来。钟会小时候便很聪明,五岁时蒋济初见他便大呼:"非常人也!"

事实证明,钟会巧舌如簧、能言善辩,确实并非常人。

在父亲钟繇的教育下,钟会擅长书法,是著名的书法家。同时,钟会还是一位名士,沾染了玄风,弱冠时便与王弼齐名。他也论述《易》,才能了得。这样一位才华横溢、善于变通,又出身名门的人,司马昭怎能相信他会叛乱呢?

然而,钟会的变通都放到了邪门歪道上,其心不正,其人又怎能正得了?

有一次,钟会模仿堂外甥荀勖的笔迹,试图骗取他家价值百万的宝剑。因为模仿得太像了,荀勖的母亲以为是儿子要取剑,最终让钟会得逞。

荀勖失剑,对钟会怀恨在心,一直想着报复。有一次,钟毓与钟会斥资千万建造了一所庭院,在还未搬进新家之时,荀勖一看机会来了,遂画了一张钟繇的画像放到新房的门堂上。

荀勖善丹青,笔法了得,绘画人物如活人一般。待钟氏兄弟步入门堂时,见父亲画像挂在大堂上,顿时悲痛万分,不敢住在新家了。

钟会的小心机和大野心跟司马昭一样,都是路人皆知的事。然而,司马昭之所以任用钟会,是因为钟会趋炎附势,很会拿捏司马昭的心思。

更何况,司马昭招揽了许多天下名士,在他们不听话时,钟会也能起到威慑的作用。另外,用奸臣,也用贤臣,是权术家喜欢耍的平衡政局的一种手段。

当嵇康成为司马昭心里的刺时,钟会要做的自然是除掉嵇康,拔掉司马昭心上的刺。

其实,嵇康势单力薄,纵使他真有反叛之心,司马昭也不会在乎嵇康这只"小蚂蚁"。

对于嵇康,司马昭只想让他归于自己门下,并非要将他处死。可是,钟会能言善辩,非要置嵇康于死地不可。《晋书·嵇康传》载:"(会)言于帝曰:嵇康,卧龙也,不可起。公无忧天下,顾以康而虑耳。"意思是,钟会对司马昭说,嵇康是一条卧龙,千万不可让他有起势的机会。今日,主公治理天下,虽已高枕无忧,但对于嵇康这样不肯合作的名士，又怎能不防呢？

卧龙，指的是诸葛亮，司马氏的劲敌。嵇康假如真是再世诸葛亮，司马昭怎能不防？怎能不忌惮？钟会之言，无疑刺中了司马昭的痛处，将司马昭心上的那根刺又扎深了几分。

钟会为了置嵇康于死地，又说："康欲助毌丘俭，赖山涛不听。昔齐戮华士，鲁诛少正卯，诚以害时乱教，故圣贤去之。康、安等言论放荡，非毁典谟，帝王者所不宜容。宜因衅除之，以淳风俗。"钟会对司马昭说，嵇康欲助毌丘俭，早有反心，若不是山涛劝阻，他怕是早就反了。而今四海升平，天下归心，嵇康仍怠慢礼法，藐视朝纲，不愿臣服主公。想当年，姜子牙诛杀齐人华士，孔子杀戮鲁人少正卯，都是因为这些名士有恃才傲物、蛊惑众生、轻蔑礼法之过。圣人执礼教之剑，无视礼法者才被杀之。现在，嵇康、吕安等言论放荡，诽谤礼法，为自古圣贤所不容。为此，主公应当效仿圣贤，处死嵇康，以敦正风俗，清正王道。

如今看来，嵇康助毌丘俭之事司马昭当时还不知情。当他听说嵇康如此"无礼"时，更是血脉偾张，恨不能立刻处死嵇康。最重要的是，钟会以圣人除掉不守礼法的名士为例，更是让司马昭有大义凛然、理直气壮之感。

朝堂之上，钟会以三寸不烂之舌颠倒是非，硬是把嵇康和吕安说成了不杀不足以泄民愤的恶人。可见，语言杀人比刀还快，还要稳、准、狠。

今日，钟会能如此害嵇康，明日自然也能谋反。

想想荀勖，他又何曾得罪过钟会？

尽管荀勖不曾得罪钟会,但钟会顺了荀家一把剑。嵇康得罪了钟会,那他更会想置嵇康于死地。

嵇康如何与钟会有交集的?那是钟会主动跟嵇康套近乎的。

钟会听闻嵇康的贤名,十分仰慕,将自己所做的《四本论》投入嵇康家的院子,但那时,嵇康也许正在锻铁,没空搭理钟会。

若是有人投书来

只有成过名的人才能懂得，名会带来多少祸事。

阮籍因名出仕，饱尝生活的悲痛。嵇康因名入狱，最终丢了性命。倘若嵇康名气能小一点，也不会落得这样悲惨的下场。

嵇康不仅天赋异禀，父母也给了他一副好皮囊，这等全才型的美男子成为当地最有名的青年才俊。嵇康崭露头角之时，便娶了王侯的女儿长乐亭主曹璺为妻，成了"嵇中散"，确实因名而得益。

然而，他因为成了曹家女婿，在曹马之争中又成了十分敏感的人物。此后，他隐居不仕，却又因当时推崇隐士，很快名声大振。

钟会也是当时的名士。他才华横溢，又写得一手好书法，自然期望能与嵇康成为朋友。嵇康当时才名太大，钟会这等高傲之人在嵇康面前也是不自信的。

钟会也写书，创作了一本叫作《四本论》的书。写完之后，他很想让嵇康点评一下自己的才学，于是兴冲冲地跑去找嵇康。钟会把《四本论》揣在怀里，在嵇康家门前来回踱步，不敢进去。

他自认为才学不足，如果嵇康质疑他的学问，他就太无地自容了。接着他又想到，他效劳于司马氏，嵇康是曹魏的女婿，以嵇康的性子未必会接受与他为友。

为此，钟会想了一个办法。他远远地站在门外，使劲把《四本论》向院子里抛去。直到他听见"咚"的一声，才吓得赶紧跑掉。

书确实投了，但是嵇康怎么看呢？钟会惴惴不安许久，一直在等嵇康的回复，哪怕骂一句"无才"也算回应了。可是，嵇康却仿佛此事从未存在过一般，既未否定钟会，也未称赞他。

这种无声的回应，让钟会觉得受到了侮辱。敌人恨你不可怕，骂你也不可怕，至少说明他是重视你的。最可怕的是，你在他的眼中根本不存在。

为了能"活"在嵇康眼中，钟会又一次不甘心地找到了嵇康。《世说新语·简傲》载："钟士季精有才理，先不识嵇康，钟要于时贤俊之士，俱往寻康。康方大树下锻，向子期为佐鼓排。康扬槌不辍，傍若无人，移时不交一言。钟起去，康曰：何所闻而来？何所见而去？钟曰：闻所闻而来，见所见而去。"

钟会"乘肥衣轻，宾从如云"地带着一群贤俊之士前来拜访，嵇康只看了钟会一眼，便挥舞起了铁锤。此时，钟会可能会想，你嵇康虽然不给我面子，但总要给这些名士面子吧？

谁知，嵇康谁的面子也不给。见钟会一群人不肯走，也只是问了一句，你听说了什么而来的，又看到什么了离去？钟会只好回答，我为我听见的而来，看到我想看到的便会离去。

说完，钟会恨恨地离去了。钟会投书，要多窝囊有多窝囊。今日他带人来拜访，真是要多没面子就有多没面子。

嵇康不理钟会，可谓保持了本性，可他却忽略了，"宁可得罪君子，不可得罪小人"的名言。因为小人除了嫉妒心之外，还有报复心。

可能在嵇康看来，大路朝天，各走一边，我只要不去你那边的路，便永远不会与你相干。但小人不会因为与他不相干，便会忘记报复这件事。他们通常会在你的"那边"路上挖坑、设陷阱，直到你落入他们的陷阱为止。

到那时，即使如嵇康般的"卧龙"，恐怕也起不来了。

可嵇康终究是嵇康。他当然知道钟会是小人，可他就是不想委曲求全，更不想多看小人一眼。他不允许小人践踏自己的人格与尊严。

在钟会为了置嵇康于死地，在司马昭面前一通忽悠后，司马昭终于决定判处嵇康死刑了。

嵇康之死，在历史上虽众说纷纭，但无论怎样说都离不开钟会的陷害。《三国志·钟会传》中说："（会）迁司隶校尉，虽在外司，时政损益，当时与夺，无不综典。嵇康等见诛，皆会谋也。"

钟会对政局有着一定的影响，而嵇康等人之死，皆因为钟会之谋也。最后，朝廷以"言论放荡，非毁典谟"的罪名，判处了嵇康死刑。

嵇康是天下人仰望的名士。当太学学子听闻嵇康被判入狱时，有数千名太学生联名请愿，要求释放嵇康。《世说新语·雅量》刘孝标注引王隐《晋书》曰："康之下狱，太学生数千人请之。于时豪俊皆随康入狱，悉解喻，一时散遣。康竟与安同诛。"意思是，嵇康下狱后，太学生数千人为之请命。而当时的豪俊之士为救嵇康，更是自愿陪嵇康入狱。

这真是火上浇了一把油。

太学生、豪俊之士为嵇康请命，自然是正义之举，可见嵇康的人品。可这些举动，无疑是对司马昭这位专制统治者的挑战。

嵇康仅仅是入狱便能产生这样的影响力，他不是卧龙又是什么？这次救援行动，可以说让司马昭更加害怕了。

朝廷遣散了豪俊之士，安抚了民众，试图将嵇康的事大事化小、小事化了。但是，对于太学生和豪俊之士而言，道德偶像嵇康被杀，无异于宣告他们再无自由之日了。

众所周知，嵇康对于司马氏是拒绝臣服的。在当时，有太多人逆来顺受，对于司马氏的威胁、残暴、虚假、阴险也只能通通接受。而嵇康是人们最后的精神领袖。

当嵇康得知自己被判死刑后，回想自己的一生，认为自己太"好善暗人"了。他心地善良，喜欢把人往好处想。他不善于识人好坏，也看不出哪些人包藏祸心。当然，嵇康所指的"与人为善"，是指吕巽，绝非钟会。

他认为，是自己没有看透吕巽，才让自己和吕安遭此横祸。谁能想到，这场横祸背后的主谋是钟会呢？

嵇康常常"好善暗人"吗?非也。若此,他当时怎会不往好处想想钟会呢?事实上,嵇康也善识人,只是因着吕安,便戴了"滤镜"看吕巽罢了。

可能在很多人看来,有见地、有性格、有风骨,宁折不弯的名士都有些"傻"。不过也有人说山涛不"傻",他懂得审时度势。他与嵇康终究是不同的,不同的人有不同的活法,求同尊异即可。

没必要用世俗的标准衡量每一个人。嵇康的性格、风骨和气度,自是独树一帜。山涛经历过清贫的生活,看淡名利,喜爱庄老,性情宽厚,却也养成了审时度势的性格。嵇康想过隐居的生活,山涛迫于压力劝他入仕,他便与山涛绝交。嵇康所为看似不给山涛面子,实则不想因此牵连好友。山涛不闹也不恼,默默维系他们的关系。嵇康对他们之间的友谊非常放心,他临终时对儿子嵇绍说,"巨源在,汝不孤矣。"相当于说,有事你就去找你的山涛叔叔。

这便是人生得一知己足矣吧。

第七章　后世再无《广陵散》

临终痛写《幽愤诗》

君子常思己过,小人常思己利。

身为君子的嵇康,入狱后也做了一番深刻的思考。他回想自己的一生,对人、对友,都做到了"口与心誓"。他在《家诫》中写道:"匹帛之馈,车服之赠,当深绝之。何者?常人皆薄义而重利,今以自竭者,必有为而作。鬻货徼欢,施而求报,其俗人之所甘愿,而君子之所大恶也。"

荣华富贵,过眼云烟,什么名贵绸缎、宝马车乘,都该深恶痛绝。为何?因为普通人皆薄情义而重利益。今人殚精竭虑,必是为了追求利益。这样人与人的关系都像买卖,施与了自然要求回报,都是俗人所为,君子十分讨厌这样的事。

嵇康做到了不重利。然而,小人却是重利的,吕巽、钟会为了利益决心害他。

在狱中,嵇康写下了《家诫》,劝子女谨言慎行,小心做人,莫要像他一般,被人落井下石。他的懊悔、自责,与他之前的行为截然不同,连后人鲁迅都说他"宛然是两个人"。

一个人可以不在乎自己的生死，却不能不在乎家人的生死。自古多少英雄好汉宁愿牺牲自己，也要保全家人。人平平安安地过一辈子甚好，这是全天下父母对儿女的期盼，嵇康又怎能例外？

他自己，当然是幽愤的，否则也不会写下《幽愤诗》。嵇康在诗中回忆了自己的一生，他自幼由母亲和哥哥抚养长大，因母兄的宠爱，并未受过儒学的熏陶，这形成了他喜欢老庄任情肆志的性格。

自由，人人向往之。嵇康少了母兄的训教，开始走老庄看轻身外之物、重视自身修养的路。他求自己能保持质朴天性，本质也只为保全自己的真性情。

无奈，他的修养不够，过于介入吕安的事情。这是他性格中的弱点，也是他的不明智之处。假如他没有信任吕巽，自己哪会受到陷害，吕安又哪会遭受灭顶之灾？

此时，嵇康想到了孙登，想到了他那句"子才多识寡，难乎免于今之世也"。以嵇康如此刚烈的性格，才多见识少，他又怎能在乱世中保全自己？

幽愤，幽愤啊！

> 嗟余薄祜，少遭不造。哀茕靡识，越在襁褓。母兄鞠育，有慈无威。
>
> 恃爱肆姐，不训不师。爱及冠带，凭宠自放。抗心希古，任其所尚。

托好老庄，贱物贵身。志在守朴，养素全真。曰余不敏，好善暗人。

子玉之败，屡增惟尘。大人含弘，藏垢怀耻。民之多僻，政不由己。

惟此褊心，显明臧否。感悟思愆，怛若创痏。欲寡其过，谤议沸腾。

性不伤物，频致怨憎。昔惭柳惠，今愧孙登。内负宿心，外恧良朋。

仰慕严郑，乐道闲居。与世无营，神奇晏如。咨予不淑，婴累多虞。

匪降自天，实由顽疏。理弊患结，卒致囹圄。对答鄙讯，絷此幽阻。

实耻讼免，时不我与。虽曰义直，神辱志沮。澡身沧浪，岂云能补。

嗈嗈鸣雁，奋翼北游。顺时而动，得意忘忧。嗟我愤叹，曾莫能俦。

事与愿违，遘兹淹留。穷达有命，亦又何求。古人有言，善莫近名。

奉时恭默，咎悔不生。万石周慎，安亲保荣。世务纷纭，只搅予情。

安乐必诫，乃终利贞。煌煌灵芝，一年三秀。予独何为，有志不就。

惩难思复，心焉内疚。庶勖将来，无馨无臭。采薇山阿，散发岩岫。

永啸长吟，颐性养寿。

——《幽愤诗》

嵇康还想到了柳下惠。柳下惠以"坐怀不乱"著称，更是被孔子定为"被遗落的贤人"。他曾任鲁国士师，掌管刑罚狱讼之事。《论语·微子》载："柳下惠为士师，三黜。人曰：'子未可以去乎？'曰：'直道而事人，焉往而不三黜。枉道而事人，何必去父母之邦？'"意指，柳下惠做官时，也因为生性耿直，不事逢迎，而多次被黜。他虽屡受排挤，但道德学问名满天下，各国诸侯都以高官厚禄请他去自己的国家。有人问柳下惠，你为什么不去？柳下惠说，我在鲁国虽不得志，但坚持了做人原则。如果我还想坚持下去，那么无论走到哪里都无法避免被黜免的结果。但假如让我放弃做人原则，那么我在鲁国也可以得到高官厚禄，我又何必离开故乡呢？

想到这里，嵇康也认为自己愧对柳下惠。他违背了自己与世无争、乐道闲居、修身自保的性情。他悲叹命运不好，遭受连累，不过这也正是他愚钝而懒散所致。

当他遭受狱吏的审问，被拘囚在幽禁之地时，他因自己为了免受狱刑之罪争辩而感到可耻。虽然是别人害他谤冤，但他的不平之气、他的争辩，都让他无法接受。

受冤入狱、为己辩解，是常人所为，但对于嵇康而言，却并非君子所为。

嵇康顺利的时候安然自处，得意之时忘记烦忧，如今事与愿违，又被长期关押，不得不说世事已扰乱了他的心绪。他那愤怒的叹息，在历史上找不出另一个人来与之相比。古人常说，做善事者莫要有求名之心，随时肃默，便不会有灾祸发生。为此，嵇康劝诫后人，安乐之时一定要谨戒自己，让自己达到祥和贞正的状态。

灵芝草一年花开三次，人生也总该有几次际遇和机会，可为什么他偏偏有志不能成呢？嵇康不得不深刻地反思自己。

假如有幸还能活着，嵇康希望自己将来无论毁誉褒贬，都能做个与世无争、默默无闻的人。像伯夷、叔齐一般宁肯在首阳山采薇而食，也要逍遥自在地在山林里吟诗歌唱，休养自己的身心性命。

有学者认为，嵇康在临终前的矛盾与懊悔之情并不洒脱，与他之前的形象并不相符。

假如人的精神上有污点，没有一番经历，自己是无法意识到的。君子之所以是君子，是因为他们知错能改。如今的嵇康，在意识到自己的错误以后对隐士精神有了更高的领悟和向往，这只会增强他的光辉形象。

无论嵇康之前有多潇洒逍遥，有多看破生死，终究都是大脑里的想象。人只有在真正面对生死之时，才会知道自己到底怕不怕死。

嵇康有悔恨、有反思，却并无对生死的执着与恐惧。他只是幽愤，只是不甘心。假如给他一次重来的机会，他定然不会再行走于世间，不再被这些凡尘俗事所叨扰。

他要采薇而食，逍遥而歌，身居山林，再不让自己有犯错的机会。

这或许是一种逃避，但在这茫茫世间，又有什么事是嵇康真正放不下的？

除了对隐世的向往以外，嵇康心中再无牵挂了。他幽愤的是此生志向再无成就的机会了吧。

世间再无《广陵散》

人们常说,除了生死,其他都是小事。君子却常说,生死事小,失节事大。

把失节看得太重,虽是正义君子所为,但不免让世人看笑话。人们常拿"识时务者为俊杰"批判那些不懂得变通的人。可是,"识时务"也是需要有底线的,并非任何时候都要"识时务"。

嵇康是"不识时务"之人,否则不会遭人陷害。当得知自己将死之时,他慷慨淡然地走入了法场。《世说新语·雅量》记录了嵇康之死:"嵇中散临刑东市,神气不变。索琴弹之,奏《广陵散》。曲终,曰:'袁孝尼尝请学此散,吾靳固不与,《广陵散》于今绝矣!'太学生三千人上书,请以为师,不许。文王亦寻悔焉。"

嵇康在被执行死刑时,镇定自若,神气不变,"顾视日影"①,带着豪气索琴弹之。

他接过琴,演奏起《广陵散》来。他演奏得慷慨激昂、大

---

① 出自《思旧赋》,其原句为:"临当就命,顾视日影,索琴而弹之。"

气磅礴、雄浑壮烈,似乎在表达着他此时的心情。演奏完后,他叹息道:"《广陵散》于今绝矣!"

《广陵散》相传是《聂政刺韩王》曲的别称。蔡邕在《琴操》中写道:

> 《聂政刺韩王》者,聂政之所作也。政父为韩王治剑,过期不成,王杀之。时政未生,及壮,问其母曰:"父何在?"母告之。政欲杀韩王,乃学涂入王宫,拔剑刺王,不得,睿城而出,去入太山。遇仙人,学鼓琴,漆身为厉,吞炭变其音。七年而琴成,欲入韩,道逢其妻,从置栉,对妻而笑。妻对之泣下,政曰:"夫人何故泣?"妻曰:"聂政出游,七年不归,吾尝梦想思见之。君对妾笑,齿似政齿,故悲而泣。"政曰:"天下人齿,尽政若耳,胡为泣呼?"
>
> 即别去。复入山中,仰天而叹曰:"嗟乎,变容易声,欲为父报仇,而为妻所知。父仇当何时复报?"援石击落其齿。留山中三年习操,持入韩国,人莫知政。
>
> 政鼓琴阙下,观者成行,马牛止听,以闻韩王。王召政而见之,使之弹琴。政即援琴而歌之,内刀在琴中。政于是左手持衣,右手出刀,以刺韩王,杀之,曰:"乌有使生者不见其父,可得死乎?"政杀国君,知当及母,即自犁剥面皮,断其形体,人莫能识。
>
> 乃枭磔政形体市,悬金其侧,有知此人者,赐金千斤。遂有一妇人,往而哭曰:"嗟呼,为父报仇邪?"顾

谓市人曰:"此所谓聂政也。为父报仇,知当及母,乃自犁剥面。何爱一女子之身,而不扬吾子之名哉?"乃抱政尸而哭,冤结陷塞,遂绝行脉而死。故曰《聂政刺韩王》。

这个故事大概是这样的[①]:战国时期,韩国国君韩哀侯性情残暴、昏庸无道,常以杀人取乐。有一天,他要聂姓铁匠为他铸造一把削铁如泥的宝剑。

聂铁匠深知韩王心狠手辣,倘若他果真造出此剑,那么将会有无数生命惨死在剑下。为此,他决定宁死不从。于是,他对身怀六甲的妻子说:"我在规定期限内铸不出韩王要的剑,韩王一定不会放过我。今你已有身孕,如生下儿子,等他长大后便要他为我报仇。我在三天内会打出两把短剑,届时你带着短剑逃走。待儿子长大,你便让他用此剑为我报仇。"

果然,聂铁匠被韩王杀死了。后来,聂铁匠的妻子生下儿子,取名聂政。聂政长大成人并娶妻生子后,问母亲:"我的父亲去哪儿了?"母亲终于告诉了他聂铁匠惨遭杀害之事。

此后,聂政开始了复仇之路。他见韩王修建宫殿,便拜师学漆艺,后来被召进宫中。有一天,韩王带着侍卫查验宫殿,聂政见机会已到便拔出短剑向韩王刺去,却不想被侍卫拦了下来。

聂政眼疾手快,挣脱而逃,韩王大怒,昭告整个韩国,挂

---

① 内容有演绎成分,不是照着文言文直译的。

肖像悬赏金缉拿聂政。

聂政未报大仇，痛苦不已。此时，他为了避祸只能躲在泰山。不过，他的哭声惊动了一位方士，方士得知聂政遭遇很是同情，愿意为他出谋划策。

所谓君子报仇十年不晚，聂政若想杀韩王就要投其所好，方可近身。只是，聂政的面目因韩王四处挂图悬赏，已尽人皆知。所以，为了报仇，方士让聂政用黑漆涂脸毁其容颜，吞食木炭毁其声音。

七年过去了，聂政跟着方士学得一手好琴，遂决定回去韩国复仇。聂政在去的路上，竟遇到了久别的妻子，看着她安好便笑了起来。妻子却突然哭了，聂政问她因由，她说："我的丈夫七年毫无音信，我做梦都想见他，今见你的牙齿像我的丈夫，叫我怎能不伤心呢？"

两人分别后，聂政回到山中，仰面朝天感叹道："唉，我变声易容，想给父亲报仇，却还是被妻子认出来。父亲的仇该何时报呢？"于是，将自己满口牙齿全部用石头敲落。此后，聂政又在山中学艺三年，学成后来到韩国，凭借琴技，成了闻名全韩国的琴师，也得到了韩王的召见。

就这样，聂政走进了韩王宫殿。为了接近韩王，他使出浑身解数弹奏曲子，韩王和大臣也都陶醉在了聂政的琴曲之中。聂政见此，突然抽出藏在琴里的短剑，猛地扑过去，韩王当场被刺死。

待众人清醒过来，正欲扑向聂政时，聂政大喝一声，自尽而亡了。

人们将聂政团团围住，可谁也不认得他。于是，聂政的尸体和凶器被吊在了城门口，告示上写道："有识此人者，赏金千两。"

多日过去，仍未有人认出聂政。忽然，有一日，一位老妇痛哭着跑过来抱住了聂政的身体，称他父亲在九泉之下终于可以瞑目了。

好心人劝老妇人赶紧走开，不要给自己惹上杀身之祸。老妇人却说："见到这剑，我便知道他是我的儿子聂政。他今虽已面目全非，但我能认得出他。我不怕死，我今天要将他的名字告诉大家，要让天下的人都知道，他是为父报仇而死的，是为了百姓除掉了韩王这个祸害。"

说完，老妇人抽剑自尽了。

在这个故事里，没有一个人是贪生怕死的，他们都认为自己是为了正义而死。

所以，此时的嵇康又岂会贪恋自己的生？

何谓知音？就是在某个时刻，哪怕看似再荒唐的选择，都有人懂得。嵇康懂得聂政和聂政母亲的心声，所以《广陵散》也只有他才能弹奏得出神入化。

一曲终了，嵇康抚摸琴弦，想起袁准（字孝尼）曾想学习此曲，那时他太爱《广陵散》，拒绝了袁准的请求。

如今，《广陵散》只能成为绝唱！

嵇康感慨无限。三千学子听完《广陵散》后，上书请求学习此曲，被朝廷拒绝了。

既非琴和人的知音，又何必求学此曲？人琴合一才是习琴者的最高境界。嵇康不想,也不能让此曲成为俗曲。

说完,嵇康引颈就戮,随着琴音一同飘去了。

有人说,嵇康之死是一种解脱。事实上,只有生前饱受苦楚之人的死才是一种解脱,嵇康之死应该叫作"超脱",他已脱离了尘世的苦难,也可视为一种得偿所愿了。

也有人说,嵇康之死是灵魂的浴火重生,如凤凰涅槃。其实不然,因为浴火重生是指人经历痛苦之后的醒悟,而涅槃也绝非仅仅指死亡,而是指修行的境界。

倘若还轮回生死之中,受诸因缘,就无法叫作涅槃了。

嵇康只是离去了。受冤入狱,被判死刑,于他而言不过是给他的人生增添了新的经历罢了。

然而,嵇康之死终究是品格与独立人格的象征,这是毋庸置疑的。

王夫之说"孔融死而士气灰,嵇康死而清议绝",这也是毋庸置疑的。当嵇康人头落地时,世间便再不敢有异志了。

嵇康死后,"海内之士,莫不痛之。帝寻悟而恨焉"(《晋书·嵇康传》)。海内之士痛惜嵇康之死并不意外,只是司马昭又为何悔恨?

是恨听信了小人谗言,恨遭世人诟骂?还是终于幡然醒悟,嵇康不该死?

或许都不是。司马昭假如不懂民意,又如何能收拢民心?只有与民众一起痛、一起哭,并将责任推给律法、小人,说出自己的无奈,才能达到他的目的。

他还要颠覆这个国家,缺了民心,他又能得到什么?

景元三年（262年）秋（一作景元四年，263年），嵇康被杀，这一年，他还不满四十岁。

嵇康死后，司马氏的西晋王朝在仅仅几十年工夫里，就开始了"八王之乱"，迎来了五胡十六国的纷争。曾经司马氏一族以一敌众。后来，西晋面临的却是众来分一。

世间再无《广陵散》，魏晋在历史上也堪称"绝响"。

嵇康之死，众说纷纭

嵇康的死，其实是历史上的悬案。

虽然钟会在整个事件中起着至关重要的作用，但人们认为，嵇康之死并非钟会一人能决定的。司马昭以孝治理天下，"不孝"的吕安被当作了典型，嵇康的挺身而出和极力帮其辩解，很容易让当时的人觉得嵇康认为孝道没那么重要。但若说嵇康支持吕安违反了孝道并因此导致他毙命那是无稽之谈。因为曾有人在司马昭面前说过阮籍不孝，司马昭听完笑笑也就作罢了，并没有当一回事。

更何况，即使吕安不孝，最多也是发配边疆而不至于被判死刑。而嵇康作为调停人，与不孝更是不沾边，且不说罪不当诛，更是无须入狱。

嵇康唯一获罪的证据就是吕安的那封信了。但是，吕安明明受冤入狱，却要承受发配边疆之苦，悲情难抑也是在所难免的。

无奈，吕安一通带着怨气的指骂，成了害死自己和嵇康的工具。

也有一说，嵇康"言论放荡，非毁典谟"，他在《与山巨源绝交书》中更是说自己"每非汤、武而薄周、孔",明确表明了他对司马氏的排斥。

不能否认,嵇康是不接受司马氏的,但他身为隐士也未参与任何政治上的事。他的好友做官的做官、隐居的隐居,他与他们撇清干系,一来能保住好友,让朋友不会因为自己遭受牵连;二来不沾政治之事,也能保住自己。虽说他曾"欲助毌丘俭",但那也该在当时就治嵇康的罪,而不该在局势明朗以后治他的罪。

绕来绕去,最后只能把嵇康之死的罪过落到钟会头上。钟会是奸佞小人,因嵇康的无礼产生怨恨,再将嵇康害死就顺理成章了。鲁迅先生在《且介亭杂文二集·再论"文人相轻"》中说:"古之嵇康,在柳树下打铁,钟会来看他,他不客气,……于是得罪了钟文人,后来被他在司马懿(按实为司马昭)面前搬是非,送命了。所以你无论遇见谁,应该赶紧打躬作揖,让坐献茶,连称'久仰久仰'才是。这自然也许未必全无好处,但做文人做到这地步,不是很有些近乎婊子了么?"

这段话说明,鲁迅先生也认为嵇康死于钟会之手。不仅如此,鲁迅先生还说:"嵇康的送命,并非为了他是傲慢的文人,大半倒因为他是曹家的女婿,即使钟会不去搬是非,也总有人去搬是非的。"总而言之,嵇康得罪钟会不假,但这并非致死的根本,根本原因还是嵇康的身份问题。

嵇康一生傲骨,富贵不淫、威武不屈,如此高洁之士,又娶了魏氏公主,他的"不事王侯",难免令司马昭忌惮。人们虽讨厌阿谀奉承、墙头草般的小人,但也讨厌嵇康这样的"顽固分子"。

实际上,并非"顽固"不对,而是嵇康的才能"不事王侯",他就成了司马昭眼中的石头。在曹马之争和思想斗争中,嵇康的思想与《四本论》中的王广相近,他的《声无哀乐论》是排斥司马氏派系的文章。钟会的《四本论》是亲近司马氏派系的,这更是将嵇康与司马氏对立了起来。嵇康的拒不合作,早就触怒了司马氏。

表面上看来,嵇康只要卧龙不起就能保住性命,但对于司马氏而言,只要关乎政权稳固,他们才不会管你是否想要隐居。只要嵇康活着,他就是一种威胁。

当年,司马懿不显山不露水地盘卧在曹魏政权内,为的还不是有朝一日能夺权夺势吗?人心不可测,越是看起来对权力没有野心,说不定野心越大。假如嵇康卧龙腾起,成为曹魏的谋士,谁说他就不能四两拨千斤呢?

在嵇康入狱之前,这些也只是司马昭的担心和猜测罢了。在嵇康入狱后,数千太学生为之请命,嵇康的"势力"让司马昭相信他不是"卧龙"很难。更何况,还有江湖上的豪俊之士也愿意陪嵇康入狱,这些豪俊之士个个都是不怕死的英才,司马昭怎能不痛下杀手?

嵇康的影响力太可怕了。在朝中,那些委曲求全的名士哪个不是嵇康隐形的拥护者?司马昭把持朝政,并未站在正义的一边,他只能杀鸡儆猴,威慑那些心中不服的名士。

当然,最后便是嵇康的性格问题了。也有许多学者认为,嵇康死于性情刚直,不能以柔克刚,不能委曲求全。

孙登在很早的时候就说嵇康会因性烈而遭难，似乎一语道破了天机。嵇康入狱后，有人说他懊丧与悔恨，没了往日的潇洒。事实上，这也正是因为嵇康想起了孙登的话。孙仙人说他"性烈而才隽，其能免乎"，说的正是他性格中的弱点。嵇康在未能"免乎"时，不免想到前半句。

倘若嵇康性情如阮籍般，虽不服从，但懂得变通，或许他不会死于非命。钱锺书先生在《管锥编》中说："嵇、阮皆号狂士，然阮乃避世之狂，所以免祸；嵇则忤世之狂，故以招祸……忤世之狂则狂狷、狂傲，称心而言，率性而行，……'刚肠嫉恶，轻肆直言，遇事便发'，安望世之能见容而人之不相仇乎？"

嵇康的性格确实让他与钟会成了仇人，但这只是他死亡的原因之一。嵇康之死虽众说纷纭，但总而言之，是多种原因造成的。

假如嵇康真因性格而死，那临终之际他会因此积极入世吗？他用事实证明了，他不会。假如重新来过，他反而会做得更为决绝，才不会如此优柔寡断。他要像伯夷、叔齐一般耻食周粟，宁肯饿死首阳山。

无奈，是他的优柔寡断害了他，让钟会和司马氏有了杀他的机会。

如果真要怪，就怪他太出名了吧。假如他是普通百姓，谁会管他是不是"刚肠嫉恶，轻肆直言，遇事便发"呢？

若没有遇上一个好的时代，人的才能就如珠宝，还是莫要露出来为好。在那种时代才和财一外露,注定是要遭殃的。"木秀于林风必摧之""枪打出头鸟"等成语谚语,都说明了这个道理。

这也是千古不变之理!

那一日，有人鹤立鸡群

嵇康被杀时，嵇绍才十岁。儿子太过年幼，纵使有母亲长乐亭主照顾，教育之事终究要有人来帮嵇康完成。

临终前，嵇康对嵇绍说："巨源在，汝不孤矣。"意指，山涛会帮我照顾你，你并不孤独。

有了山涛的照料，嵇绍与母亲隐居山里，过着安静稳定的日子。嵇绍成年后，山涛举荐他为秘书丞，可谓不负嵇康重托。当然，嵇绍也未辜负山涛的器重，他历任汝阴太守、豫章郡内史、徐州刺史、给事黄门侍郎等职。

嵇绍继承了父亲嵇康的外貌，他在人群中如野鹤立于鸡群。同时，他也继承了父亲的性格，富贵不淫、威武不屈、贫贱不移。

齐王司马冏在辅政后，开始骄奢淫逸，大建私人宅第。嵇绍为此劝谏司马冏，司马冏表面对嵇绍很客气，却并未听从他的意见。

有一次，嵇绍向齐王司马冏请示公务，碰巧齐王司马冏召开宴会，董艾深知嵇绍善丝竹，便请嵇绍当众演奏一曲。

嵇绍听完董艾的请求之后，拒之不奏。齐王司马冏便说：

"今日大家高兴，你何必扫大家的兴呢？"嵇绍听完，庄重地说："公匡复社稷，当轨物作则，垂之于后。绍虽虚鄙，忝备常伯，腰绂冠冕，鸣玉殿省，岂可操执丝竹，以为伶人之事！若释公服从私宴，所不敢辞也。"

嵇绍说，您是主持政事之君，更应该讲究礼仪、端正秩序。我今天身着礼服来向您请奏事务，您怎能让我做些乐工的事呢？如若我今天着便服参加您的私人宴会，那么我倒也不会推辞了。

嵇绍并非拒之不奏，实在是不喜欢司马冏的公私不分。

不久，司马冏遇难，嵇绍前往宫中，有人正持弩在东阁守卫，看到嵇绍后想要用弩箭射他。此时，统兵将领萧隆看到嵇绍姿貌不凡，怀疑他并非常人，于是夺下士兵手中的弩箭才免了这场灾祸。

嵇绍另一点也很像父亲，便是他的威武不屈。

元康初年，侍中贾谧试图与嵇绍交好，嵇绍拒绝不理。后贾谧被诛杀，嵇绍因不亲附恶人受封弋阳子，又升散骑常侍，兼任国子博士。

还有一次，太尉陈准去世，太常请奏给他加封谥号。嵇绍反对太常所提谥号，说："谥号是用以流传后世的，大德之人授予大名，微德之人应授予微名，'文、武'谥号彰显的是死者的功德，'灵、厉'谥号标志的是死者的糊涂昏昧。由于近来掌礼治之官的私情，谥法也没了原则。陈准的谥号过誉，应加谥号为'缪'。"

嵇绍虽然不屈，但与嵇康的不屈不同。嵇康的不屈为自己的性情修养，嵇绍的不屈为国为法，所以他反而更受朝廷器重。

嵇康一生忠于自己，嵇绍一生忠于朝廷。

嵇绍出任官职后，"八王之乱"发生。永兴元年（304年），司马乂被俘，嵇绍重任侍中。当时，公、王以下官员都向司马颖谢罪，嵇绍也被贬为平民。不久朝廷北征，嵇绍的爵位被恢复了。想到天子流亡在外，嵇绍接到诏书的第一件事便是迎回天子。

此时，恰逢荡阴战败，百官及侍卫们都丢下晋惠帝纷纷逃命去了，唯有嵇绍一直陪在晋惠帝身边以身体保护晋惠帝。飞箭如下雨般密集，嵇绍被箭射死在晋惠帝身边，他的鲜血溅到了晋惠帝的衣服上，晋惠帝见血哀痛。战事平息之后，侍从为晋惠帝洗衣，晋惠帝拦住了，他说："这是嵇侍中的血，不要洗去。"

此后，东海王司马越出屯许，在路过嵇绍之墓时痛哭流涕，为其刊石立碑，又上表请赠官爵。

此后，嵇绍多次被上表请赠，最后嵇绍谥号"忠穆"，以太牢礼祭祀①。

嵇绍说，谥号是用于流传后世的，大德之人才配大名。嵇绍大德，配得上"忠穆"二字。

嵇康一生忠于曹魏，算得上是一个忠诚之人了。嵇绍放下与司马氏的个人恩怨，把心思放到忠国、忠家、忠民上，也算对得起他一生的抱负了。

---

① 太牢礼是古代帝王祭祀的礼仪。牛、羊、豕三牲全备为太牢。

不能怪嵇绍不似嵇康，因为嵇康在《家诫》中奉劝儿女，做人当收起锋芒，隐忍处世。只是，嵇绍是嵇康的儿子，无论父亲怎样苦口婆心地奉劝，嵇绍最终还是活出了自己的样子。

嵇绍是山涛教育出来的孩子，行事风格有山涛的沉稳与沉默。嵇绍该正直时正直，该沉默时沉默，该效忠时也绝不会后退一步。

在世人看来，嵇绍出仕，不逃避、不迎合，官职几度升迁，是胜过嵇康的。可是在竹林之友看来，嵇康永远是嵇康，他的儿子比不上他。

《晋书》中写道："（嵇）绍始入洛，或谓王戎曰：'昨于稠人中始见嵇绍，昂昂然如野鹤之在鸡群。'"

人群中，只此一眼，便知嵇绍是鹤立鸡群的人物，他怎能不是人中龙凤？

奈何，王戎只得感叹："那是因为你没见过他的父亲啊！"

是啊，仅仅鹤立鸡群，怎能胜得过嵇康？嵇康可是历史上有名的美男子啊！

想修嵇康的姿貌，就必须走入山谷，如此才能修出这一身超凡的气质。在人群、尘世中修，终究多了些凡气。

恍然间，想到了嵇康遇到天书而不得的事，突然明白了他临死之际为何有了伯夷、叔齐之志。

说嵇康是仙，他却多了凡气；说嵇康是凡人，他却多了仙气。

他在尘世里鹤立鸡群，不求荣华富贵，只想不留遗憾，给这尘世留一抹真诚。

阮籍痛写《劝进文》

嵇康离世后,竹林七贤从此解散了。此后,曹魏再无竹林七贤,剩下的几位只不过是漂泊于人世罢了。

嵇康临终前,劝诫阮侃(字德如,与嵇康来往密切)莫再学他卷入无妄的政治斗争,最好远离政治,保全自己。阮侃在回嵇康的诗中,感谢了嵇康的劝导,但他始终认为自己不该退隐。

儒家向来提倡读书人要有责任感,能与国家共进退。假如忘民之忧,忘君之忧,处江湖之远,那么又怎能对得起半生读过的书呢?

阮侃遵循着儒家救世之志,可是阮侃忘记了,纵是一代圣人孔子,在无法实现志向时,不也是回到家乡做了教书先生吗?

乱世中,个人的力量是很微弱的,个人无法凭借一腔热血挽回这混乱的局势。

山涛、阮籍、阮咸、王戎,他们也沉默了。他们不再酣畅,不再痛快,也开始郁郁寡欢起来。

这份无法言说的感慨,不仅仅是因为嵇康死了,还因为曹魏政权也"死"了。

景元四年（263年），司马昭在多次拒绝加封后，仍被封为晋公，加九锡之礼。众所周知，此时曹魏政权只剩下一具空壳了，而曹奂对司马昭的晋封不过是迫于形势罢了。

在乱世，迫不得已的事太多了，何止一件，何止一人？

最可气的是，明明是司马昭想晋封王侯，向取代曹魏政权更进一步，他却偏偏要摆出一副拒之不受的样子来。如此，文武百官便要去司马昭府上敦促劝进，三番五次，求他做晋公。

劝进，不能只是说说，这种客套话说过也就没了，非得白纸黑字写下来，才能让世人、后人了解司马昭的丰功伟绩。

只是，《劝进文》谁来写呢？写此文者，必得天下第一才子、第一名士。当世，除死去的嵇康外，最知名的、文采成就颇高的也就阮籍了。于是，司空郑冲（字文和，魏晋儒学家）举荐了阮籍，希望他出面挥写《劝进文》。

阮籍刚刚失去好友，司马昭又得到晋封，写《劝进文》这件事他唯恐避之不及，怎能答应朝廷这件苦差事呢？

他不愿意，又一次借酒大醉，整日皆睡。

有一天，阮籍在袁准家中做客，郑冲派的使者来到袁准家中，阮籍又一次大醉过去。阮籍本以为，只要醉睡过去就能躲过这件苦差事，奈何使者三番五次地催促，阮籍的小把戏终于玩不下去了。

阮籍被人从床上扶起后，挥毫写就了一篇《劝进文》。此文洋洋洒洒，一气呵成，文气纵横，当时被称为"神笔"。

文章是写了，才气也被人称赞了，只是阮籍挥洒的仿佛不是笔墨，而是自己的心血。他将那怒气、不平之气、压抑之气都写到了《劝进文》中。他越写，对自己就越失望，越痛苦，似母亲去世时那般心痛。

母亲去世时，他咳血不止，写完《劝进文》，他再次伏案咳血不止。

为了保命，如此委曲求全，真的值得吗？此前，他无论说了什么、做了什么，就算被当时的人记下一笔，终究是故事，是传说罢了。如今，这《劝进文》是他亲自挥毫而成的，他赖不掉、擦不掉，这将成为他一生的污点。

什么做人要中和，大隐隐于朝，阮籍没有这样潇洒。他对时代的忧思、对儒家挑担的责任感不一定是假的，但他也不能否认，他畏惧生死。

仅这一惧，绊了阮籍半辈子。

嵇康的死，让阮籍看到了自己的懦弱。嵇康在临终前反思了自己，嵇康死后阮籍也痛苦地反思了。他非常惭愧，也内惭神明，他既未保住人格的圆满，也未对时代做出任何功绩，他只是大胆地批判了礼教而已。

除此之外，他还做了什么？

一个人年纪越大，越会思考自己前半生是否有所收获。五十多岁的阮籍，文采、音律、学问、学识都成就不小，可是他却好像什么也没做。

阮籍这篇《劝进文》后来被萧统编入《昭明文选》，题目叫作《为郑冲劝晋王笺》，意指写《劝进文》并非阮籍的意思，阮籍只是代郑冲捉刀而已。

即使如此，阮籍这篇文章仍被后世口诛笔伐，认为阮籍毁了自己的身后名。叶梦得在《避暑录话》中说："阮籍不肯为东平相，而为晋文帝从事中郎，后卒为公卿，作《劝进表》。若论于嵇康前，自宜杖死！"

阮籍即使做过一番痛彻的悔悟，也无法改变文人手中那支笔。叶梦得说阮籍，若是在嵇康面前论及此事，他真该将自己打死。

这一片骂声，阮籍早就预料到了，但他只能默默承受。

不过，如此骂阮籍，对他终究有些不公平。《三国演义》开宗明义，"天下大势，分久必合，合久必分"。当初，曹操"挟天子以令诸侯"，做的又怎能算正义之事？窃钩者诛，窃国者侯，他窃国成了王侯，那效忠曹魏的人与如今效忠司马氏的人又有何区别？

阮籍生于汉末，经历了曹魏篡权夺势的全过程，后又经历司马氏夺权的全过程。他看见的势自然不是曹魏之势，也并非司马氏之势。

遥想当年，阮籍"志气宏放""本有济世志"，并为了这腔热血博览群书，是何等的慷慨激昂啊！

只是，这博览群书的结果，只剩下写《咏怀诗》《劝进文》了，真是令人哭笑不得，既无奈又可悲啊。

"军旅令人悲，烈烈有哀情。念我平常时，悔恨从此生。"

阮籍没办法不悔恨，但是他改变不了什么，只能任由后人评说了。

《晋书·阮籍传》记载："景元四年冬，卒，时年五十四。"《三国志·王粲传》裴松之注引《魏氏春秋》曰:"籍口不论人过,而自然高迈,故为礼法之士何曾等深所仇疾。大将军司马文王常保持之,卒以寿终。"

嵇康被害几个月后,阮籍也离世了。

竹林七贤三位核心人物已经走了两位,这个团体散了,真的散了。

可是人生本就聚散无常,散也是它的常态吧。

据传,阮侃如厕时,有一次撞见了一丈多高、浑身漆黑、眼睛很大、穿着白单衣、戴着头巾的鬼。此鬼离他一尺远,他望着鬼心平气和地说:"嘿,都说鬼面目可憎,今日一见果然如此。"

说完,鬼害羞地走了。

心中有鬼,才会怕鬼;心中有生死,才会怕生死。当人们感慨嵇康的慷慨赴死时,谁又知道他已卸下了心中的"鬼"?

你越怕的东西,它越可以伤害你。

第八章　乱世不乱心，名士真风流

可叹人生无风流

竹林七贤中,最后一位核心人物是山涛。

山涛年纪最大,也最成熟。他从无放诞之过,更无冲动之举。他是沉稳的代表,唯一的"疯狂"之举是家贫遭妻子抱怨时说:"我后当作三公,但不知卿堪公夫人不耳!"

后来,山涛果然位高权重,其妻也颇有女中丈夫的气质。

嵇康去世后,山涛是怎样的心情历史并无记载。以他沉稳的性情,就算悲伤难过他也不会流露出来。不过,他用实际行动完成了嵇康托孤的使命,这也说明山涛在竹林七贤中是最稳妥可靠的。

景元四年(263年),山涛任从事中郎,入了司马昭幕府,成为其亲信。咸熙元年(264年)正月,司马昭西征时命山涛以大将军从事中郎的身份摄行军司马,并派五百亲兵镇守邺城,防止曹魏宗室突击司马昭的后方。

山涛与司马氏有着姻亲关系,深得司马昭的信赖。不久,山涛转相国左长史,司马昭又将长子司马炎介绍给了山涛,让他担任司马炎的先生。

有一件事,司马昭一直犹豫不定。他不知道该立司马炎为司马氏权力的继承者,还是选司马师的二儿子齐王司马攸。司马昭在询问山涛意见时,山涛说:"废长立少,违礼不祥。"一句话,司马炎成了结束三国鼎立局面的帝王。

咸熙二年(265年),司马昭病逝,司马炎继担任相国,袭封晋王。

十二月,司马炎逼迫曹奂禅让,结束了曹魏统治北方的局面,晋朝建立,改元泰始。这一年,山涛代理大鸿胪,护送陈留王曹奂到邺城。后加奉车都尉,进爵新沓伯。

山涛因为是司马昭的亲信、司马炎的先生,且稳重中正,见识深远,很得司马炎器重。关于山涛的见识,《世说新语·识鉴》中记载道:

> 晋武帝讲武于宣武场,帝欲偃武修文,亲自临幸,悉召群臣。山公谓不宜尔,因与诸尚书言孙、吴用兵本意。遂究论,举座无不咨嗟,皆曰:"山少傅乃天下名言。"后诸王骄汰,轻遘祸难。于是寇盗处处蚁合,郡国多以无备,不能制服,遂渐炽盛,皆如公言。时人以谓"山涛不学孙、吴,而暗与之理会"。王夷甫亦叹云:"公暗与道合。"

司马炎想要停止武备、提倡文教,亲自到武场召集群臣,商量以文治国。山涛认为此法不妥,于是和诸位尚书讲起了孙、吴用兵本意,君臣听完无一不赞叹山涛,说:"山少傅乃天下名言。"只是,后来诸王放纵奢侈,造成灾难,兵匪

第八章 乱世不乱心,名士真风流

见状像蚂蚁一样聚合起来,郡国因缺乏武备力量而无法制服他们,结果正如山涛所料,兵匪逐渐猖獗,兵匪之乱逐渐蔓延至全国。所以,时人认为,山涛虽然不学孙、吴兵法,但他的见解与兵法之道相通。王夷甫赞叹说:"山公所说的与常理暗合。"

人们吃到了没有武备的苦,才由衷地佩服起山涛的见识来。

几年后,山涛离开司马炎身边,任冀州刺史,不久又转任北中郎将镇邺。又过了几年,六十七岁的山涛回到了京城,入侍中,迁尚书,后以母亲年迈为由辞职,上表数十次才被允许,被授为议郎,后又被授为太常卿,他以自己生病为由拒绝了。不久,他因母丧回到乡里,依旧拒绝了朝廷的任命。直到泰始十年(274年),司马炎之妻元杨皇后去世,山涛回到洛阳参加葬礼,在诏书的逼迫下就任吏部尚书。

山涛任吏部尚书期间,大力举荐人才,其见识之独到,鉴人之速度,绝非常人能比拟。据说,山涛仅凭其人三言两语便能道出其才情长处,被人们称为"山公启事"。

不仅如此,山涛虽德高望重,但其为人很是清廉,从不贪赃枉法。在官场上,他做人也有自己的一套办法,不似阮籍般用酒躲避差事。

当时,袁毅是一个喜欢行贿、贪污腐化的官吏,朝中的官员都收过他的礼。有一天,他给山涛送去一百斤蚕丝,山涛收下赃物后,将它藏在了阁楼上。山涛深谙官场政治,不愿意与人为敌,只能暂且收下。不过,他知道袁毅这样的人,终有败露的一天。

果然,后来袁毅丑事败露,许多官员都被牵连其中。袁毅供出山涛后,山涛便让人将藏在阁楼上的一百斤蚕丝取了下来。

箱子上落满灰尘,封印也完好如初,山涛用他的清廉证明了自己。此后,山涛又多了一个"悬丝尚书"的美名。

不过,纵使山涛如此谨慎,仍不免树敌。

《晋书·山涛传》里记述:"及羊祜执政,时人欲危裴秀,涛正色保持之。"说的是,羊祜执政时,有人想构陷裴秀,山涛帮助了裴秀。后因此事,他得罪了贾充,被贬出为冀州刺史。又有一次,司隶校尉李憙弹劾刘友、山涛、司马睦等侵占国家稻田之罪,要求免去其职。司马炎听完,下诏说:"刘友要查个水落石出;山涛知错就改,无须追究。"

若非司马炎绝对信任山涛,山涛身在官场,也危险得很。

如果说阮籍喜欢借酒避事,那么山涛则喜欢"投传而去"。他见惯了党羽之争,不愿意将精力放到这些无谓的争斗上。他选择归隐,好保全身家性命。

山涛隐退几年后,再出仕时,已是七十岁的高龄了。可是这官做得越大便越无味。他称自己年龄大了、厌倦了,该老病辞官了。无奈,司马炎依旧不许,又升他的官职,直到他上表数次,才终于实现了回家的心愿。

有句话叫,"萝卜青菜保平安"。山涛高寿,最后能平安归家,真是太不容易了。

在历史上,山涛远不如嵇康和阮籍知名,若不是嵇康写了一封"绝交书",人们很难知道"山巨源"这个人。山涛太沉稳了,如同他的一生。他过于沉默,使像"投传而去""绝交书"这样的大事都少了一些色彩。

说起竹林七贤其他人,那真是每个人都个性鲜明、性情张扬、行为放诞。落到山涛就只剩下静默地坐着,或者与好友爽快地喝喝酒了。

山涛还不如他的发妻活泼可爱,一句"我要见嵇康和阮籍",就敢于操办宴席,暗中察看。

若仅凭史料对山涛的记载来看,山涛是有才华、稳重老成、见识高远的。

在魏晋出名士的时代,哪位名士不风流?山涛就不风流!

可叹(息),叹他一生从未真正恣意而为过,秉持真理,他对于外人的误解从不做过多的辩解;他面对外界的打压总是一笑而过;他想要归隐,面对强诏,也只是顺从。可(赞)叹,叹他在"名士少有全者"的时代,沉稳得太反常,用他的稳维护朋友,帮助朝廷,从不计较个人得失,成全了从百姓、朋友的身份到臣子身份的义。这不得不令人佩服。

山巨源义理何如

嵇康获得一世清明,阮籍落得一世骂名,那大哥山涛呢?

竹林七贤中的王戎说山涛气度"如璞玉浑金",西晋宰相王衍则说山涛与老庄合。"人问王夷甫:'山巨源义理何如?是谁辈?'王曰:'此人初不肯以谈自居,然不读《老》《庄》,时闻其咏,往往与其旨合。'"(《世说新语·赏誉》)

山涛常与道合,对军事、政治、局势有着清晰、清醒的认识。同时,他对自己也有清晰的认识,知道自己能官至三公。他为人谨慎,性情深沉,为时论所崇拜。他不贪,不以朝廷赏赐财物为荣,也不因不被朝廷赏识而心生愤慨。

山涛一生还有一大成就,便是举荐人才。他"甄拔隐屈,搜访贤才,旌命三十余人",因此《晋书》本传说"山叟知材"。

在竹林七贤中,若问谁实现了自己的心中抱负,那一定是山涛。无论怎样,他都为国、为民做出了功绩,与避世不出的嵇康不同,与放诞风流的阮籍也不同。

只是,山涛的一生也与阮籍有相同之处,他主动投靠了司马氏,好友嵇康又愤然地写下《与山巨源绝交书》,留下了不少骂名。

嵇康和吕安遇难时,山涛在哪里?阮籍又在哪里?可曾在司马昭面前求过情?

山涛一向沉稳,当初嵇康问他要不要助毌丘俭一臂之力时,山涛说不可。那嵇康被判入狱时,山涛也势必看到了嵇康的结局。他不能请求司马昭释放嵇康和吕安,也只有这样,他才能保住嵇康的子女,完成托孤的使命。

也有人问,嵇康为何不把嵇绍托付给哥哥嵇喜呢?这不难猜想。山涛见识过人,让他来教育嵇绍胜过哥哥嵇喜。而嵇康对子女的期望,也只有老成持重的山涛能懂,这也是老友之间的默契。

山涛完成托孤使命,虽未辜负嵇康,但"辜负"了儒家学者。在他们看来,山涛让嵇绍效忠仇人,真不知山涛是何居心。

山涛自幼便有政治抱负和才干,对于他来说,他当时"投传而去",只是不想卷入党争。对于一个一心想实现政治抱负的人而言,国家大事重于私情。否则,嵇绍就不会为了保护晋惠帝而死,可见他已将个人仇恨放下了。

与其背负着仇恨前行,不如将才能用在造福百姓上。嵇康临终弹奏《广陵散》,人们只见他的才华、琴艺的高超,而只有山涛才知道嵇康在表达什么。嵇绍的命运和聂政太像了,嵇康不想嵇绍走聂政的老路。

此曲绝矣,此恨也绝了吧!

晚年,朝廷上元杨皇后亲党专政,山涛不愿效忠杨氏,多次讽谏司马炎,司马炎虽能明白山涛的意思,却揽不回权力。

山涛见自己在朝中再没了用武之地，只能称年迈病重，上书告退。那时，山涛已是七十八岁的老人了。

司马炎不愿山涛辞官，只好再次挽留。只是，耳聋目昏的山涛，留在朝廷还能做什么？无论司马炎答不答应，他都必须告老还乡了。于是，他摘下官帽，赤脚徒步送还印绶。

山涛高寿，儿孙满堂，据说他"旧第屋十间，子孙不相容"。山涛共有五子，如今子孙多得快没房间住了。

位列三公的山涛，晚年如此两袖清风，令人无不佩服称叹。他虽子孙满堂，却从未为了子孙的荣华富贵而贪赃枉法，如此清廉的高官在历史上也足以留名了。

但是，在山涛为官这件事情上，后人余嘉锡仍表达了不同的意见。他说："巨源之典选举，有当官之誉。而其在霸府，实入幕之宾。虽号名臣，却为叛党。平生善与时俯仰，以取富贵。迹其始终，功名之士耳。涛一见司马师，便以吕望比之，尤见赏于昭，委以腹心之任，摇尾于奸雄之前，为之功狗。是固能以柔媚处世者，宜其自以为度量胜嵇、阮，必当作三公也……夫钟会之为人，嵇康所不齿，而涛与之款昵，又处会裴秀交哄之际，能并得其欢心，岂非以会为司马氏之子房，而秀亦参谋略，皆昭之宠臣，故曲意交结，相与比周，以希诡遇之获欤？至为昭居留守之任，以监视魏之王公，俨然以钟繇、华歆自命。身为人作伍伯，视宗室如囚徒，非权奸之私昵，谁肯任此？与时俯仰是矣。然实身入局中，未尝心存事外也……其迎合之术，可谓工矣。操是术以往，其取三公，直如俯拾地芥，岂但以度量胜嵇、阮而已乎？"

余嘉锡骂山涛喜欢当官，虽为名臣，但实为叛党。而他平生最喜欢俯仰达官贵人，以此来获得富贵。他的所作所为，不过是为了功名利禄罢了。山涛初见司马师，即吹捧司马师是姜子牙，后来又被司马昭赏识，更是在奸雄前摇尾乞怜，是为功狗。山涛以柔媚处事，又自以为度量胜过了嵇康和阮籍，必能做三公……钟会的为人，被嵇康所不齿。但是山涛与钟会有交往，此时钟会与裴秀互相争斗，山涛却与两人关系都不错。难道是钟会是司马氏的张良，且裴秀也是个谋臣，都是司马昭的宠臣，所以山涛故意与他们交朋友，一起结党营私，借此行为获得一些好处？至于山涛为司马昭留守后方的任务，借以监视前朝魏王室的成员，端的是以钟踩、华歆名士自命。甘愿去做役卒，把前朝宗室看作囚徒，不是一个得宠的权奸，谁能够担当此任？这虽是随着社会潮流进退，然而如果一个人亲身去参与了，就很难说他的心能置之度外……唉，他的迎合之术啊，真是不消说了。一个头低得像草一样的人，怎能胜过嵇康和阮籍呢？

阮籍出仕，委曲求全。纵是写下《劝进文》，也是迫不得已，这与山涛的主动出山，主动迎合司马氏并不相同。山涛此举遭到口诛笔伐也是自然的事。但不能忽略的是，嵇康和阮籍以性情交友，假如山涛是阿谀奉承的小人，就不会入嵇康和阮籍的法眼。嵇康交友于吕巽看走了眼，阮籍总不能也看走了眼吧？

如此，难道其他几位竹林之友也看走了眼？

是非善恶，看似容易分明，实则是一笔糊涂账。嵇康不肯出仕，落了个没有担当的骂名；阮籍委曲求全，算是晚节不保；山涛入了仕途，也不得不迎合奉承。但嵇康得了清名，因他高洁，宁死不肯低头；阮籍得了风流名、才名，虽出仕，心却一直归隐；山涛得了忠贤之名，因他为国、为臣，都称得上做出了功绩。

不得不说，是人就会犯错。假如仅拿一个过错判定他的为人，那世间就无好人了。

人们说什么不重要，重要的是是否知道自己心之所向，你学善去恶，足矣。

太康四年（283年），山涛去世了，终年七十九岁。司马炎得知山涛去世的消息后，赐棺木、朝服各一具，衣一套，钱五十万，布百匹，以供丧事之用。后又策命追赠山涛蜜印紫绶、侍中貂蝉及新沓伯蜜印青朱绶。

山涛以太牢礼仪祭祀，下葬时司马炎又追赐钱四十万、布百匹，并赐谥号"康"。

"康"之谥号有四解：渊源流通曰康，性无忌；温柔好乐曰康，好丰年，勤民事；安乐抚民曰康，无四方之虞；合民安乐曰康，富而教之。

"康"之谥号，不算有大作为，但到底是好的谥号，可见当时人们对山涛的认可。

他确实性无忌，勤民事，富而教。

康，也很像山涛的一生。四平八稳，不徐不疾，万事都能慢慢来。

"康"字，才是山涛钉在历史上的评价，任谁也无法改写。

第八章 乱世不乱心，名士真风流

闻笛思友，提笔写《思旧赋》

司马昭杀掉嵇康后，士大夫头顶上的乌云更浓了。少了嵇康，好友向秀为避祸，只好顺应朝廷的威逼拉拢选择出仕。

在嵇康和吕安被杀之后，向秀不得不向司马昭低头，并以"以为巢许狷介之士，未达尧心，岂足多慕"之回应，彻底结束了隐居生活。意思是，巢父、许由两位隐士不过是狷介之士，并没有做什么功绩，我又怎么会羡慕他们呢？在受司马昭接见后，向秀被任命为散骑侍郎，后官至黄门侍郎、散骑常侍。

向秀主张无为之治，他认为的无为是"任自然而不加巧"，即老子所说的"绝圣弃智，绝仁弃义，绝巧弃利"。奈何，他无心仕途，只是做官不做事，活成了"在朝不任职，容迹而已"的官。向秀作为竹林七贤之一，他的无为自然不会是做一个尸位素餐的人。但是作为一位志不在做官，一心只想做个隐居者的人来说，他的不为就是一种消极的对抗，很多人将他跟东汉末年的徐庶相比，认为他们都是"以沉默来对抗强权"，这样的说法也有几分道理。

在竹林之友里，向秀与嵇康、吕安的关系最为亲密。曾经,他们三人锻铁、灌园、畅游竹林的日子多么美好!如今,只剩下向秀,他的悲伤可想而知。

他是最后一位向司马氏妥协的竹林名士。没了嵇康和吕安,他就算隐居山林,日子又有何情趣?在准备赴任的途中,向秀绕道去了嵇康的故居,在那片与老友隐居的山林中,他悲从中来,伤心地写下了《思旧赋》:

> 余与嵇康、吕安居止接近,其人并有不羁之才。然嵇志远而疏,吕心旷而放,其后各以事见法。嵇博综技艺,于丝竹特妙,临当就命,顾视日影,索琴而弹之。余逝将西迈,经其旧庐,于时日薄虞渊,寒冰凄然。邻人有吹笛者,发声寥亮。追思曩昔游宴之好,感音而叹,故作赋云:将命适于远京兮,遂旋反而北徂。济黄河以泛舟兮,经山阳之旧居。瞻旷野之萧条兮,息余驾乎城隅。践二子之遗迹兮,历穷巷之空庐。叹《黍离》之愍周兮,悲《麦秀》于殷墟。惟古昔以怀人兮,心徘徊以踌躇,栋宇存而弗毁兮,形神逝其焉如。昔李斯之受罪兮,叹黄犬而长吟。悼嵇生之永辞兮,顾日影而弹琴。托运遇于领会兮,寄余命于寸阴。听鸣笛之慷慨兮,妙声绝而复寻。停驾言其将迈兮,遂援翰而写心。

思旧,向秀没办法忘记嵇康和吕安。遥想初相识时,他们因行止相近,都不愿受到拘束又都有才情而聚到一起。在向秀眼里,嵇康志向高远而疏阔,吕安心胸旷达而豪放,他们因为种种原因被杀害了。向秀没有说好友为何而死，他不能，也不敢，只能让真相烂在肚子里。嵇康精通所有技艺，在音律上尤为高妙。他临刑时，抬头望了一眼西边的落日，便索琴而弹之。

嵇康视死如归，其高尚的气节令向秀十分欣赏。只是，向秀不是嵇康，无法做到那么潇洒。现今，他在将要奉命去往京城任职时，又回身向北而去，泛舟渡江过黄河，再次来到了昔日的山阳故居旁。

向秀望着萧条的旷野，重新走了一遍他们三人曾经常走的老路。他望着遗迹空叹，叹《黍离》的歌声深切地哀悯着西周的庙宇。他对着空屋伤情，悲伤《麦秀》的调子飘荡在殷朝的废墟中。

向秀触摸到了那些古老的哀伤，以此怀念老友，他的心徘徊而踌躇。梁栋屋宇都还在，并没有丝毫的损坏，可是他的老友怎就去了呢？

当年，李斯受罪被杀，也曾为着无法再牵黄犬上蔡门打猎而恋恋不舍、叹息长吟；而向秀哀悼嵇康，则是回忆起嵇康临刑之前，"顾视日影，索琴而弹之"。

向秀似乎听懂了嵇康最后的告别，也听懂了他在奏着什么。人生的遭遇寄托，不就是寄予瞬间的领悟吗？向秀懂嵇康，懂嵇康劝他好好珍惜生命的每一寸光阴。

也许是一阵风吹过，也许是向秀出现了幻听，总之他听到了笛声。那笛声爽朗慷慨，仿佛死去的嵇康又回来了。

可是向秀知道，嵇康再也不会回来了。此后，他自己也很可能，再不会回来了。

向秀要走了，感叹之时，执笔写下此赋，记录了此时他的心情。

他思念老友，既赞叹嵇康的视死如归，也表达了对司马昭屠杀好友的愤慨。向秀出仕，比阮籍的委曲求全要更绝望吧？

在司马昭面前，他无能为力，他主宰不了自己的命运，只能完成着嵇康的嘱托，珍惜着每一寸好光阴。

向秀的短赋，其哀悼之情，读起来令人余味不尽，成为千古名篇。他婉转的哀愁、沉痛的哀怨，让他在转身离去时，成了他后半生永远无法卸下的包袱。

刘伶有酒可醉，阮籍有酒可逃，向秀却无法排遣心头对好友的思念。

或许只有清醒地痛着，才能证明自己活着吧。

鲁迅在《为了忘却的记念》中说："年青时读向子期的《思旧赋》，很怪他为什么只有寥寥的几行，刚开头却又煞了尾。"后来，鲁迅经历了民国时期的动荡，才终于懂得了向秀为何要躲躲闪闪。

原来，那写出不来的文字，才是向秀真正要写的，那空白处有着近乎心死的悲哀。

吕安因信入狱，向秀还敢再写些什么？在那样的局势下，不"清谈"，又能"谈"些什么？隐晦、曲折之处，正是哀莫大于心死的情感。

向秀不是英雄，他只是一个有"箕山之志"的名士。

无情之人最多情

在竹林七贤中,出身良好的除了阮籍外还有王戎。他出身华夏第一支名门望族琅琊珷。唐人刘禹锡诗句"旧时王谢堂前燕,飞入寻常百姓家"中的王家,指的便是琅琊王氏。在王戎这一辈亲族中,还出了王衍、王澄、王导、王敦等重要人物。

王戎早慧,七岁便闻名乡里。他做官以后,拒绝收受贿赂,父亲去世时,亲朋好友送来的礼金也一律拒收,颇有清廉的美名。

在《世说新语》中,王戎还是上孝下慈的代表,书中写道:"王戎、和峤同时遭大丧,俱以孝称。王鸡骨支床,和哭泣备礼。武帝谓刘仲雄曰:'卿数省王、和不?闻和哀苦过礼,使人忧之!'仲雄曰:'和峤虽备礼,神气不损;王戎虽不备礼,而哀毁骨立,臣以和峤生孝,王戎死孝,陛下不应忧峤,而应忧戎。'"

王戎和和峤都是大孝之人,两人同时遭遇大丧。刘仲雄吊丧时,见王戎已瘦得皮包骨头,几乎支撑不住自己的身体了。和峤哀号哭泣,一切合乎丧葬礼仪,算是对死者尽了最大的孝心。当司马炎问刘仲雄是否经常去看王戎、和峤二人时,刘仲雄认为和峤虽尽了礼法，但精神元气未受损；王戎虽然没有守礼法，却耗尽心力，是以心死去尽孝的。所以无须担心和峤，而应该为王戎担心。

为此，王戎在历史上又留下了一个"死孝"的名声。

在魏晋风潮中，礼法、孝道是仕途晋升的重要途径之一。当时，人们为了加官晋爵做了不少假孝、假慈之事。竹林七贤讨厌伪善的士子，这才有了以身作则看似反对礼教、孝道，实则大孝、大礼之事。

他们虽不重礼法，不按礼数置办丧礼，但其内心的悲痛是他人所不及的。前有阮籍吐血，后有王戎鸡骨支床，这样的孝心也只有明白人才能看得懂了。

王戎不仅因母丧伤了元气，在儿子去世时更是伤心欲绝。《世说新语·伤逝》记载道："王戎丧儿万子，山简往省之，王悲不自胜，简曰：'孩抱中物，何至于此？'王：'圣人忘情，最下不及情；情之所钟，正在我辈！'简服其言，更为之恸。"

王戎的儿子王绥有肥胖症。为了给王绥减肥，王戎让他吃糠，不料王绥不仅没瘦反而更胖了，仅十九岁就去世了。

王戎哭得伤心欲绝，有人劝他节哀，他说唯有修炼成圣人的人，才能做到无情。最下等的人，不懂感情，自然也无情。然而，我辈这样的人，却是对感情最专注、最钟情的，我怎能不难过呢？

谁能想到，至情、至性、至廉的王戎，却是一个贪财的人，《世说新语·俭啬》中就记录了他的一些事迹：王戎侄子结婚，他仅送单衣做礼物，后又后悔并将单衣索回；他卖李子，恐人得其种，便钻核卖李；王戎女儿借钱数万贯，女儿归家，王戎不悦，女儿只好还钱，王戎才正眼瞧女儿……

王戎对侄子、女儿都如此吝啬，对他人更是可想而知。

后来，王戎被封为安丰侯，腰缠万贯，富甲一方。然而，他最喜欢的却是与妻子坐在床上盘点家产。不管金银财宝，还是田产地契，只有都一一数过才能大快"戎"心。

有人用元曲中讽刺贪财者的曲句来形容王戎，说他："夺泥燕口，削铁针头，刮金佛面细搜求，无中觅有。鹌鹑嗉里寻豌豆，鹭鸶腿上劈精肉，蚊子腹内剜脂油。亏老先生下手！"

不得不说，嵇康的死，对王戎的打击也是致命的。他愤怒、恐惧、迷茫，不得不出仕，将这份痛埋藏在心里。如果说，阮籍因写下《劝进文》抑郁而终，向秀写《思旧赋》悲痛欲绝，那么王戎"黄公酒垆"的故事则表达了他内心的苦楚。

王戎做尚书令时，一次身穿公服，乘着轻便的马车经过黄公酒垆。此地是他当年和嵇康、阮籍一起喝酒的地方。来到此处，王戎触景伤情，无不感慨地对身后车上的客人说："从前，我曾与嵇叔夜、阮嗣宗一起在这里的酒家畅饮。竹林同游，我也曾忝列期末。可是，自从嵇、阮二人相继去世以后，我也为世俗之事所羁绊，现在酒垆虽近在眼前，往事旧人却仿佛隔了万重山河一般。"

阮咸身在贫区，偏偏"炫穷"。王戎富有，却是个吝啬的人。阮咸似乎好懂，因为人们知道阮咸修养颇高，不会被贫富所累，更不屑于人们的指责。王戎难懂，他的吝啬难以解释。

不过，若从名士之心、竹林交游独具慧眼的角度来看，王戎的吝啬有可能如阮咸一般，是故意为之。

王戎一个人就活成了万重山河。他复杂、矛盾、多变，让人难以看透。

这世间最懂王戎的人，怕是只有阮籍了吧。只是，阮籍走了许多年，已成为王戎回忆里的人。清代李光在《集诗杂感》中说："剩得行间心血在，黄公垆下感山河。"

数钱倘若能快活些，也无不可。就像刘伶醉酒，假如能在小快乐里忘记凡尘俗事，又有什么不好？

但是抽刀断水水更流，举杯消愁愁更愁。

晚年，王戎官做得很大，在八王之乱中他明哲保身，活了七十二岁，算是高寿了。但王戎内心如何想，是不是真的因俗而去除诸多烦恼，就难为人知了。

无用,挺好

在《庄子·人间世》中,有一棵被奉为社神的栎树。这树极大,可为上千头牛护荫,树高出山头八丈以上的枝条还能造船,用绳绕树,足有一百多围。这棵神树,可谓大材之树,何以能活这么久却不被砍伐?

因为这样的树,毫无用途,入不了匠石的法眼。

众人不解,问匠石原因。匠石说:"这栎树看似高大,用以造船,会沉;用以做棺,很快会腐烂;用以做器具,很快会坏掉;用以做门户,很快会渗出脂浆;用以做柱,很快会长虫。你说,这棵树是不是无用?"

匠石对百姓说完这些话后,晚上社神栎树便给他托了梦,说:"你要用哪种树来跟我比呢?山楂树、梨树、橘树、柚子树,还是其他瓜果树?你要知道,那些树果熟之后,便会被摧残,枝干被扭折。大枝会被人修剪,小枝会被人扯下,真是苦不堪言,害了自己的一生,所以无法享尽天年。"人也是如此,能结果、有大才、有用,有时反而可能会为自己招来灾祸。致无用、致无为,有时却能得大用。而一棵树的大用,为牛护荫,使人纳凉,供游人欣赏,不也是一种用吗?

无为、无用、无声，是老庄里举例经常用到的境界。在竹林七贤里，最倡导无用、无为的人便是刘伶。

他在思想上致无为，在行为上致无用，可谓将庄子的精神应用到了极致。阮籍死后，刘伶失去一同饮酒的好友，不免心中凄凉。西晋初年，司马炎招天下名士入朝商量治国策略，如若谁的策略好用便可入朝为官。

刘伶也在被招之列。那天，司马炎问他对策时，他大谈"无为而治"的思想，使他最终名落孙山。

刘伶以饮酒闻名，醒着除了饮酒便是饮酒，也算是做到了"无用"。在他看来，这是保身之道、保命之道，所以他纵是不出仕，也不会遭到司马氏的忌惮。但是，若说他真无用，则真是冤枉了他，他写下的《酒德颂》文采斐然，是传世之作。可见刘伶是有才能的，只是不屑于表露而已。

刘伶能成为竹林七贤之一，肯定有其过人之处。后来，王戎做建威将军时，将刘伶召入幕府担任建威参军，可是刘伶依旧保持着"无用"的本性，不久便被辞退了。后来，朝廷又召他入官，他想尽办法逃避，让人们一次次地看到他的"无用"，朝廷只好就此作罢。

刘伶在功绩上虽无建树，但在文化上不能说没有贡献。他除了那篇《酒德颂》外，还留下不少成语故事，像是"枕麹藉糟""五斗解酲""鸡肋尊拳""陶陶兀兀""以酒解酲"等。总之，只要说到刘伶，就一定离不开酒。他枕着酒瓶，垫着酒糟饮酒、醉酒；他用五斗酒来解酒病，又用酒来解酒醉，最后搞得身体瘦弱得不堪一击。

刘伶生卒年不详,所以不知道他如何终老,如何终了的,或许是寿终正寝,或许是醉酒而亡。没了竹林七贤,刘伶也成为被历史遗弃的名士。

在竹林七贤里,与刘伶一样资料少得可怜的便是阮咸。人们只知道阮咸讽刺礼法,做了许多讥讽他人行为的事,除此之外便是好酒了。

晚年阮咸过得贫困潦倒。他虽和嵇绍一样,得到过山涛的举荐,却没有得到司马炎的认可。后来,他出任散骑侍郎,又因得罪了荀勖,被贬为始平太守,成了阮始平。

刘伶喜欢裸体奔跑,阮咸也喜欢狂醉闹酒,赤身裸体地乱跑。他不认为这样做不正常,只要豁达,什么行为都是合乎礼法的。

阮咸生有二子,一位叫阮瞻,另一位叫阮孚,也是西晋名士,孩子也算是争气了。

关于阮咸,山涛说他"清真寡欲,万物不能移也"(《世说新语·赏誉》)。阮咸一生最著名的便是"骑驴追婢",以及制作"阮"这个乐器。

嵇喜也算是竹林七贤里的外围人员。人们不喜欢他,阮籍给他白眼,吕安说他是"凡鸟",然而对于嵇康来说,这位哥哥却是天底下最好的哥哥。嵇康想起哥哥时,说他们"鸳鸯于飞,啸侣命俦。朝游高原,夕宿中洲。交颈振翼,容与清流。咀嚼兰蕙,俯仰优游"。

他们如同鸳鸯一般,同进同出,朝游高原,夕宿中洲。他们也曾手牵手盘桓于水边,一起谈论古代君子风度。

在史书上，嵇喜"有当世才"，然而不为清流所重。魏时举秀才，他为齐王一系的重要幕僚。晋时，他任江夏太守、徐州刺史。《晋书·武帝纪》载："（晋泰始十年，公元274年）吴将孙遵、李承帅众寇江夏，太守嵇喜击破之。""（晋太康三年，公元282年）吴故将莞恭、帛奉举兵反，攻害建邺令，遂围扬州，徐州刺史嵇喜讨平之。"

嵇喜相比嵇康，虽是"凡鸟"，名气不如弟弟，但其性情良善、安守本分，得以善终。

但对于嵇喜来说，他更希望嵇康能少追求些子虚乌有的东西。嵇康遇害后，嵇喜为嵇康作传。他在叙述嵇康生平时，既有骄傲，也有痛惜。

"达人与物化，无俗不可安"，这是他曾给弟弟的一句话，是给嵇康的，也是给竹林七贤其他六人的。竹林七贤这群人，各个都不凡，各有个性，若他们多包容一些、俗气一些，那么他们的人生也许会好过很多。

七人中，最接近俗气的便是王戎和山涛。这两人活得相当令人羡慕，没有不得志，且都是高寿，也算是不枉人生一遭。

向秀是先雅后俗，早年好老庄之学，有隐居之志，因为好友遇害，迫于强权压力，出来做官。虽然他的仕途一路畅通，但多少有点大隐隐于朝，做官是为了明哲保身，而不是俗。

"无俗不可安"的俗是接地气，是活成生活本来的样子，顺应本心，是无愧天地的，同时无愧自我。

"无俗不可安"的劝诫适用于竹林七贤，也同样适用于我们每一个人，人活着就要俗点，接地气点，"人间烟火气，最抚凡人心"。

　　竹林七贤的高雅普通人很难学到精髓,但他们的志趣和才情永远值得我们学习。同样,他们人生的教训也值得我们借鉴。